MW01707718

# Le russe
## utile en voyage


Tatiana Prozorovskaia

Isabelle Ramin

avec

Nadia Cornuau


HARRAP

Édition publiée en France 2003
par Chambers Harrap Publishers Ltd
7 Hopetoun Crescent
Edinburgh EH7 4AY
Grande-Bretagne



Réimprimé 2003



ISBN 0245 50489 3

*Rédactrice*
Justine de Reyniès

*Coordination éditoriale*
Anna Stevenson

*Direction éditoriale*
Patrick White

*Composition*
Clair Cameron
Vienna Leigh

Dépôt légal : décembre 2002

Maquette et photocomposition :
Chambers Harrap Publishers Ltd, Edinburgh
Impression et reliure : MAME

Illustrations : Art Explosion

# TABLE DES MATIÈRES

# INTRODUCTION

Cette toute nouvelle édition du guide de conversation franco-russe Harrap est destinée à tous ceux qui souhaitent communiquer avec les habitants lors de leur séjour à l'étranger. Claire, allant à l'essentiel, elle vous aidera à faire les premiers pas pour dépasser la barrière de la langue et entrer en contact avec les gens du pays.

Dans chacune des rubriques, ce guide vous propose une liste de mots utiles ainsi qu'une série de phrases et d'expressions courantes : vous entendrez ou vous lirez certaines d'entre elles, d'autres vous permettront de vous exprimer. Vous vous ferez alors comprendre sans effort grâce à une transcription phonétique très simple, spécialement adaptée à l'utilisateur français.

Avec les quelque 5000 mots du mini-dictionnaire bilingue, les plus curieux pourront compléter ou décliner ces structures élémentaires afin de nouer une conversation.

Des indications sur la culture et les pratiques locales, quelques informations utiles sont là pour vous faire gagner du temps. Réservez vos vacances aux loisirs et à la découverte ! Vous trouverez dans ce guide un lexique gastronomique qui vous aidera à découvrir la cuisine du pays et les principaux plats régionaux.

Maintenant, à vous de jouer !

# PRONONCIATION

## PRONONCIATION ET INTONATION

À l'exception de quelques mots ou expressions que vous lirez mais que vous n'entendrez pas, vous trouverez dans ce guide, pour chaque phrase donnée en russe, la prononciation indiquée en italique. En lisant simplement cette transcription phonétique, vous pourrez vous faire comprendre par un russophone. Voici quelques indications pour bien lire cette transcription :

Veillez à lire avec plus de force les voyelles qui apparaissent en caractère gras. L'accentuation est primordiale en russe : un accent mal placé peut changer le sens du mot !

À part les lettres *ié*, *io*, *iou*, *ia* qui se lisent liées (voir tableau), toutes les voyelles se prononcent séparément. Ainsi, *oustraivat'* se lira *oustra-ivat'*, *stoit'* se lira *sto-it'*.

Il n'y a pas de sons nasaux en russe : “on” et “in” se liront *onn* et *inn*.

## ALPHABET

| | | prononciation | transcription |
|---|---|---|---|
| **А а** | a | a | |
| **Б б** | bé | b | |
| **В в** | vé | v | |
| **Г г** | gué | **g**rand | *g* |
| **Д д** | dé | d | |
| **Е е** | yé | **Yé**men | *ié* |
| **Ё ё** | yo | **yo**ga | *io* |
| **Ж ж** | jé | jasmin | |
| **З з** | zé | z | |
| **И и** | i | i | *i* |
| **Й й** | i kratkayé | **ail** | *ï* |
| **К к** | ka | k | |
| **Л л** | èl | l | |
| **М м** | èm | m | |
| **Н н** | èn | n | |
| **О о** | o | o | |

| | | | |
|---|---|---|---|
| **П п** | pé | p | |
| **Р р** | èrr | r (toujours roulé) | |
| **С с** | èss | **s**on | s |
| **Т т** | té | t | |
| **У у** | ou | ou | |
| **Ф ф** | èf | f | *f* |
| **Х х** | ha | comme le *ch* de Bach en allemand ou la jota espagnole | *h* |
| **Ц ц** | tsé | **ts**ar (consonne dure) | *ts* |
| **Ч ч** | tché | **tch**in-tchin (consonne mouillée) | *tch'* |
| **Ш ш** | cha | **ch**at (consonne dure) | *ch* |
| **Щ щ** | chia | **ch**ien (consonne mouillée) | *ch'* |
| **ъ** | tviordy znak | sert de séparation au sein même d'un mot (rarement employé) | |
| **ы** | y | prononcez *i* avec la langue retirée vers l'arrière de la bouche et les lèvres peu écartées. Vous obtenez un son grave, un peu comme si vous prononciez "oui" très vite | *y* |
| **ь** | miahki znak | signifie que la consonne d'avant est mouillée, comme si elle était suivie d'un i très court | |
| **Э э** | è | è ou é | *é* |
| **Ю ю** | you | **You**goslavie | *iou* |
| **Я я** | ya | **ya**ourt | *ia* |

## ABRÉVIATIONS UTILISÉES DANS CE GUIDE

| | | | |
|---|---|---|---|
| *acc* | accusatif | *mpl* | masculin pluriel |
| *adj* | adjectif | *n* | nom |
| *adv* | adverbe | *nom* | nominatif |
| *dat* | datif | *nt* | neutre |
| *f* | féminin | *perf* | perfectif |
| *fpl* | féminin pluriel | *pl* | pluriel |
| *gén* | génitif | *prép* | prépositif |
| *imperf* | imperfectif | *sing* | singulier |
| *instr* | instrumental | *v* | verbe |
| *m* | masculin | | |

# POUR TOUS LES JOURS

Les Russes ont trois noms : un prénom (*imia*), un nom patronymique (*imia otchistva*) dérivé du nom du père, et un nom de famille (*familiia*). Quand on connaît une personne sans être très proche d'elle – dans l'environnement professionnel notamment, on l'appelle par son prénom suivi de son patronyme, lequel prend la marque du genre. Par exemple, si un homme s'appelle Ivan et son père Piotr, on le nommera Ivan Piétrovitch ; si une femme s'appelle Natalia et son père Ivan, on la nommera Natalia Ivanovna.

Pour interpeler un inconnu, on dira *diévouchka* si c'est une jeune femme, *maladoï tchilaviék* si c'est un jeune homme, ou tout simplement : *skajytié pajalousta* (dites-moi, s'il vous plaît).

Les Russes aiment beaucoup les diminutifs. Pour un même prénom, on a souvent plusieurs diminutifs. Ainsi le prénom Aleksandr (Alexandre) donne Sacha, Sachén'ka, Sachoulia, Choura etc.

On ne se fait la bise qu'en de rares occasions, par exemple lors de retrouvailles après une longue séparation.



## Pour commencer

| | |
|---|---|
| **au revoir** | до свидания *da svidaniia* |
| **bonjour** *(tutoiement)* | здравствуй *zdrastvouï* |
| *(vouvoiement ou à plusieurs personnes)* | здравствуйте *zdrastvouïtié* |
| **bonjour** *(le matin)* | доброе утро *dobraié outra* |
| *(dans la journée)* | добрый день *dobry dién'* |
| **d'accord** | хорошо *haracho*, ладно *ladna* |

| | |
|---|---|
| **excusez-moi** | извините *izvinitié* |
| **merci** | спасибо *spasiba* |
| **non** | нет *niét* |
| **non merci** | нет, спасибо *niét, spasiba* |
| **oui** | да *da* |
| **pardon (Monsieur/ Madame)** | извините *izvinitié* |
| **si** *(oui)* | нет *niét* |
| **s'il te/vous plaît** | пожалуйста *pajalousta* |

| | |
|---|---|
| **à bientôt** | до скорого *da skorava* |
| **à demain** | до завтра *da zaftra* |
| **à plus tard** | до встречи *da fstriétchi* |
| **bonne nuit** | спокойной ночи *spakoïnaï notchi* |
| **bonsoir** | добрый вечер *dobry viétchir* |

# FORMULES DE BASE

## S'exprimer

**j'aimerais …**
я хотел бы *(m)* /хотела бы *(f)* …
*ia hatiél by/hatiéla by …*

**je voudrais …**
я хотел бы *(m)* /хотела бы *(f)* …
*ia hatiél by/hatiéla by …*

**est-ce que tu veux … ?**
ты хочешь …?
*ty hotchich … ?*

**où est/sont … ?**
где …?
*gdié … ?*

**nous aimerions …**
мы хотели бы …
*my hatiéli by …*

**nous voudrions …**
мы хотели бы …
*my hatiéli by …*

**est-ce que vous voulez … ?**
вы хотите …?
*vy hatitié … ?*

**est-ce qu'il y a un(e) … (ici) ?**
(здесь) есть …?
*(zdiés') iést' … ?*

**c'est (ça coûte) combien ?**
сколько это стоит?
*skol'ka éta stoit ?*

**qu'est-ce que c'est ?**
что это?
*chto éta ?*

**comment ?**
как?
*kak ?*

**quand ?**
когда?
*kagda ?*

**pourquoi ?**
почему?
*patchimou ?*

**est-ce que vous parlez français ?**
вы говорите по-французски?
*vy gavaritié pa frantsouski ?*

**comment ça se dit en russe ?**
как это по-русски?
*kak éta pa rouski ?*

**comment allez-vous ?**
как вы поживаете?
*kak vy pajyvaiétié ?*

**salut, ça va ?**
привет, как дела?
*priviét, kak diéla ?*

**ça va, et toi ?**
хорошо, а у тебя?
*haracho, a ou tibia ?*

**très bien, merci; et vous-même ?**
очень хорошо, спасибо. А вы?
*otchin' haracho, spasiba. a vy ?*

**où sont les toilettes, s'il vous plaît ?**
вы не знаете, где туалет?
*vy nié znaiétié, gdié toualiét ?*

**je suis (vraiment) désolé**
мне (очень) жаль
*mnié (otchin') jal'*

**merci beaucoup**
большое спасибо
*bal'choié spasiba*

**il n'y a pas de quoi**
не за что
*nié za chta*

**ah bon ?**
правда?
*pravda ?*

**merde !**
чёрт!
*tchiort !*

## Comprendre

| | |
|---|---|
| **бесплатный** | gratuit |
| **бесплатный вход** | entrée libre |
| **вход** | entrée |
| **выход** | sortie |

**добро пожаловать** — bienvenue
**заказан** — réservé
**закрыто** — fermé
**запрещено …** — défense de …
**осторожно** — attention
**открыто** — ouvert
**платный** — payant
**(мужской) туалет (М)** — toilettes (hommes)
**(женский) туалет (Ж)** — toilettes (femmes)

**есть …**
*iést' …*
il y a …

**вы не против, если …?**
*vy nié protif iésli … ?*
ça vous dérange si … ?

**минуточку, пожалуйста**
*minoutatch'kou, pajalousta*
un moment, s'il vous plaît

**садитесь, пожалуйста**
*saditiés', pajalousta*
asseyez-vous, je vous en prie

# PROBLÈMES DE COMPRÉHENSION

## S'exprimer

**vous pouvez répéter ?**
вы можете повторить?
*vy mojéti paftarit' ?*

**est-ce que vous pourriez parler plus lentement ?**
вы могли бы говорить медленнее?
*vy magli by gavarit' miédliéniéié ?*

**je ne comprends pas**
я не понимаю
*ia nié panimaiou*

**je ne comprends rien**
я ничего не понимаю
*ia nitchivo nié panimaiou*

**je comprends un petit peu**
я понимаю немного
*ia panimaiou niémnoga*

**je n'ai pas compris**
я не понял *(m)*/поняла *(f)*
*ia nié ponial/poniala*

**j'arrive à comprendre le russe, mais je ne peux pas le parler**
я понимаю русский язык, но не могу говорить
*ia panimaiou rouski iazyk, no nié magou gavarit'*

**je parle à peine le russe**
я говорю по-русски чуть-чуть
*ia gavariou pa rouski tchiout' tchiout'*

**j'ai du mal à comprendre/parler**
мне трудно понимать/говорить
*mnié troudna panimat'/gavarit'*

**est-ce que vous parlez français ?**
вы говорите по-французски?
*vy gavaritié pa frantsouski ?*

**pardon ?**
простите?
*prastitié ?*

**quoi ?**
что?
*chto ?*

**hein ?**
а?
*a ?*

**comment est-ce qu'on dit ... en russe ?**
как сказать по-русски ...?
*kak skazat' pa rouski ... ?*

**comment ça s'écrit ?**
как это пишется?
*kak éta pichétsa ?*

**comment on appelle ça ?**
как это называется?
*kak éta nazyvaiétsa ?*

**est-ce que vous pourriez l'écrire ?**
вы могли бы написать это?
*vy magli by napisat' éta ?*

**qu'est-ce qui se passe ?**
что происходит?
*chto praishodit ?*

## Comprendre

**вы понимаете русский язык?**
*vy panimaiétié rouski iazyk ?*
est-ce que vous comprenez le russe ?

**это значит ...**
*éta znatchit ...*
ça veut dire ...

**это пишется ...**
*éta pichétsa ...*
ça s'écrit ...

**это что-то вроде ...**
*éta chto ta vrodié ...*
c'est une sorte de ...

# PARLER DE LA LANGUE

## S'exprimer

**j'ai appris quelques mots avec un bouquin**
я выучил *(m)*/выучила *(f)* несколько слов по книге
*ia vyoutchil/vyoutchila niéskal'ka slof pa knigié*

**j'en avais fait à l'école mais j'ai tout oublié**
я учил *(m)*/учила *(f)* в школе, но я всё забыл *(m)*/забыла *(f)*
*ia outchil/outchila f chkolié, no ia fsio zabyl/zabyla*

**je me débrouille à peu près**
я могу выйти из положения
*ia magou vyïti iz palajéniia*

**je ne sais presque rien**
я почти ничего не знаю
*ia patch'ti nitchivo nié znaiou*

**il y a des sons difficiles à prononcer**
есть трудные для произношения звуки
*iest' troudnyié dlia praiznachéniia zvouki*

**je connais les bases mais pas plus**
я знаю базы, но не больше
*ia znaiou bazy, no nié bol'ché*

**je trouve ça difficile**
это мне кажется трудным
*éta mnié kajétsa troudnym*

**ça aide de connaître un peu de polonais**
небольшое знание польского языка помогает
*niébal'choié znanié pol'skava iazyka pamagaiét*

**les gens parlent tellement vite**
люди говорят так быстро
*lioudi gavariat tak bystra*

POUR TOUS LES JOURS

## Comprendre

**ты говоришь очень хорошо**
*ty gavarich **o**tchin' harach**o***
tu parles très bien

**у вас почти нет акцента**
*ou vas patch'**ti** niét akts**é**nta*
vous n'avez presque pas d'accent

**мне кажется, что у тебя очень хорошо получается**
*mnié k**a**jétsa chto ou tibi**a** **o**tchin' harach**o** paloutchi**a**iétsa*
je trouve que tu te débrouilles très bien

# DEMANDER SON CHEMIN

## S'exprimer

**excusez-moi, où est ..., s'il vous plaît ?**
скажите, пожалуйста, где ...?
*skaj**y**tié, paj**a**lousta, gdié ... ?*

**..., c'est par où ?**
как пройти в/на ...?
*kak pra**ï**ti v/na ... ?*

**je cherche ...**
я ищу ...
*ia ichi**ou** ...*

**est-ce que vous pouvez me dire comment aller à ... ?**
вы не подскажете, как пройти в/на ...?
*vy nié padsk**a**jétié kak pra**ï**ti v/na ... ?*

**quelle est la route pour ... ?**
как проехать в/на ...?
*kak prai**é**hat' v/na... ?*

**c'est loin ?**
это далеко?
*éta dali**é**k**o** ?*

**est-ce que vous pourriez me montrer sur le plan ?**
вы могли бы мне показать на карте?
*vy magl**i** by mn**ié** pakaz**a**t' na k**a**rtié ?*

**est-ce qu'il y a un plan de la ville quelque part ?**
где-нибудь есть план города?
*gdié nibout' iést' plan gorada ?*

**je suis complètement/un peu perdu**
я совсем/немного заблудился
*ia safsiém/niémnoga zabloudilsia*

**je me suis perdu(e)**
я заблудился *(m)*/заблудилась *(f)*
*ia zabloudilsia/zabloudilas'*

**je crois que je me suis trompé(e)**
я думаю, что я ошибся *(m)*/ошиблась *(f)*
*ia doumaiou, chto ia achypsia/achyblas'*

## Comprendre

**вернуться назад** *viérnoutsa nazat* — faire demi-tour *(à pied)*
**делать разворот** *diélat' razvarot* — faire demi-tour *(en voiture)*
**левый** *liévy* — gauche
**поворачивать** *pavaratchivat'* — tourner
**подниматься** *padnimatsa* — monter
**правый** *pravy* — droite
**продолжать** *pradaljat'* — continuer
**прямо** *priama* — tout droit
**следовать** *sliédavat'* — suivre
**спускаться** *spouskatsa* — descendre

**вы пешком или на машине?**
*vy piéchkom ili na machynié ?*
vous êtes à pied ou en voiture ?

**вы увидите, это указано**
*vy ouvidiétié éta oukazana*
vous verrez, c'est indiqué

**вы почти доехали, вы видите зелёный указатель, это напротив**
*vy patch'ti daiéhali, vy vidiétié ziéliony oukazatiél', éta naprotif*
vous y êtes presque, vous voyez le panneau vert, c'est en face

**первый поворот налево после светофора**
*piérvy pavarot naliéva poslié sviétafora*
prenez la première rue à gauche après le feu

**первый поворот направо**
*piérvy pavarot naprava*
prenez la première à droite

**поезжайте/идите за мной, я вас туда провожу**
*paiézjaïtié/iditié za mnoï, ia vas touda pravajou*
suivez-moi (*en voiture/à pied*), je vais vous y conduire

**поезжайте прямо до большого белого здания**
*paiézjaïtié priama da bal'chova biélava zdaniia*
continuez tout droit jusqu'à un grand bâtiment blanc

**это в пяти минутах ходьбы/на машине**
*éta f piati minoutah had'by/na machynié*
c'est à 5 minutes à pied/en voiture

**это вторая улица направо**
*éta ftaraia oulitsa naprava*
c'est la deuxième rue à droite

**это после перекрёстка/прямо тут**
*éta poslié piériékriostka/priama tout*
c'est après le carrefour/juste là

**это совсем близко/довольно далеко/поблизости**
*éta safsiém bliska/davol'na daliéko/pablizasti*
c'est tout près/assez loin/dans le coin

# FAIRE CONNAISSANCE ET BAVARDER



## Pour commencer

**adorer** — обожать *abajat'*
**aimer** *(apprécier)* — нравиться *nravitsa*
**beau** — красивый *krasivy*
**bien** — хорошо *haracho*
**bon marché** — дешёвый *dichiovy*
**cher** — дорогой *doragoï*
**détester** — ненавидеть *niénavidiét'*
**intéressant** — интересный *intiériésny*
**magnifique** — великолепный *viélikaliépny*
**nul** — очень плохой *otchin' plohoï*
**ok** — ладно *ladna*
**pas mal** — неплохо *niéploha*
**super** — чудный *tchioudny*
**très bien** — очень хорошо *otchin' haracho*
**vacances** — каникулы *kanikouly*

# SE PRÉSENTER, PARLER DE SOI

## S'exprimer

**je m'appelle ..., et toi/vous ?**
меня зовут ..., а тебя/вас?
*minia zavout ..., a tibia/vas ?*

**comment t'appelles-tu ?**
как тебя зовут?
*kak tibia zavout ?*

**tu es d'ici ?**
ты отсюда?
*ty atsiouda ?*

**comment vous appelez-vous ?**
как вас зовут?
*kak vas zavout ?*

**enchanté, moi c'est ...**
очень приятно, меня зовут ...
*otchin' priiatna, minia zavout ...*

**je te/vous présente ...**
я хочу представить тебе/вам ...
*ia hatchiou pritstavit' tibié/vam ...*

**je suis français(e)**
я француз (*m*)/француженка (*f*)
*ia frantsous/frantsoujénka*

**je viens de ...**
я из ...
*ia iz ...*

**quel âge as-tu ?**
сколько тебе лет?
*skol'ka tibié liét ?*

**j'ai 22 ans**
мне двадцать два года
*mnié dvatsat' dva goda*

**tu es étudiant ?**
ты студент?
*ty stoudiént ?*

**qu'est-ce que vous faites dans la vie ?**
чем вы занимаетесь?
*tchiém vy zanimaiétiés' ?*

**je travaille**
я работаю
*ia rabotaiou*

**je fais des études d'économie**
я изучаю экономику
*ia izoutchiaiou ékanomikou*

**tu travailles dans quoi ?**
в какой области ты работаешь?
*f kakoï oblasti ty rabotaiéch ?*

**je suis prof**
я преподаватель
*ia pripadavatiél'*

**je suis à la retraite**
я на пенсии
*ia na piénsii*

**je travaille dans le marketing**
я работаю в области маркетинга
*ia rabotaiou v oblasti markiétinga*

**j'ai deux enfants, un de 3 ans et l'autre de 9 ans**
у меня двое детей, одному три года, а другому девять лет
*ou minia dvoié ditiéï, adnamou tri goda, a drougomou diévit' liét*

**ils ont quel âge ?**
сколько им лет?
*skol'ka im liét ?*

**est-ce que vous êtes déjà allé en France ?**
вы уже были во Франции?
*vy oujé byli va frantsyi ?*

## Comprendre

**вы француз?**
*vy frantsous ?*
vous êtes français ?

**я хорошо знаю Францию**
*ia haracho znaiou frantsyiou*
je connais bien la France

**у меня есть родственники во Франции**
*ou minia iést' rotstviéniki va frantsyi*
j'ai de la famille en France

**у нас здесь дом на лето**
*ou nas zdiés' dom na liéta*
nous avons une maison ici pour l'été

**я бы очень хотел** *(m)***/хотела** *(f)* **знать Париж**
*ia by otchin' hatiél/hatiéla znat' parich*
j'aimerais beaucoup connaître Paris

## PARLER DE SON SÉJOUR

### S'exprimer

**je suis arrivé il y a 3 jours**
я приехал три дня назад
*ia priiéhal tri dnia nazat*

**c'est la première fois que je viens**
я приехал (m)/приехала (f) в первый раз
*ia priiéhal/priiéhala f piérvy ras*

**je ne suis ici que pour 3 jours**
я здесь только на три дня
*ia zdiés' tol'ka na tri dnia*

**je suis seulement de passage ici**
я здесь только проездом
*ia zdiés' tol'ka praiézdam*

**on est venus pour notre anniversaire de mariage**
мы приехали на годовщину нашей свадьбы
*my priiéhali na gadafchinou nachéï svad'by*

**c'est notre lune de miel**
это наш медовый месяц
*éta nach miédovy miésiats*

**je suis venu rejoindre des amis**
я приехал к друзьям
*ia priiéhal k drouz'iam*

**je suis venu avec une amie**
я приехал с подругой
*ia priiéhal s padrougaï*

**je suis en vacances**
я на каникулах
*ia na kanikoulah*

**je suis ici pour mon travail**
я здесь по работе
*ia zdiés' pa rabotié*

**j'ai l'intention d'aller à ...**
я хочу сходить в ...
*ia hatchiou shadit' v ...*

**nous visitons la région**
мы осматриваем окрестности
*my asmatrivaiém akriésnasti*

**on m'a conseillé d'aller à ...**
мне посоветовали съездить в/на ...
*mnié pasaviétavali s-iézdit' v/na ...*

## Comprendre

**сколько времени ты здесь?**
*skol'ka vriémiéni ty zdiés' ?*
ça fait combien de temps que tu es ici ?

**это вам нравится?**
*éta vam nravitsa ?*
ça vous plaît ?

**вы уже посетили ...?**
*vy oujé pasiétili ... ?*
vous avez déjà visité ... ?

**вы здесь в первый раз?**
*vy zdiés' f piérvy ras ?*
c'est la première fois que vous venez ici ?

**пока!**
*paka !*
à une prochaine !

**приятного отдыха!**
*priiatnava otdyha !*
bonne fin de séjour !

**приятных каникул**
*priiatnyh kanikoul*
passez de bonnes vacances

**всего хорошего!**
*fsiévo harochéva !*
bonne continuation !

# GARDER CONTACT

## S'exprimer

**on reste en contact, hein ?**
так мы поддерживаем контакт, да?
*tak my padiérjyvaiém kantakt, da ?*

**je peux te donner mon adresse e-mail**
я могу дать тебе свой адрес e-mail
*ia magou dat' tibié svoï adris i méil*

**voilà mes coordonnées en France, si vous passez un jour**
вот мои координаты во Франции, если вы когда-нибудь приедете туда
*vot mai kaardinaty va frantsyi, iésli vy kagda nibout' priiéditié touda*

## Comprendre

**ты мне дашь свой адрес?**
*ty mnié dach svoï adriés ?*
tu me donnes ton adresse ?

**у вас есть адрес e-mail?**
*ou vas iést' adris é méil ?*
est-ce que vous avez une adresse e-mail ?

**мы всегда рады вас видеть**
*my fsigda rady vas vidiét'*
vous êtes toujours les bienvenus

# ÉCHANGER SES IMPRESSIONS

## S'exprimer

**c'est une bonne idée, pourquoi pas ?**
это хорошая идея, не правда ли?
*éta harochaia idiéia, nié pravda li ?*

**c'est génial**
это чудесно
*éta tchioudiésna*

**j'aime beaucoup …**
мне очень нравится …
*mnié otchin' nravitsa …*

**j'adore …**
я обожаю …
*ia abajaiou …*

**j'aimerais bien …**
я хотел (*m*) /хотела (*f*) бы …
*ia hatiél/hatiéla by …*

**ça me plaît**
это мне нравится
*éta mnié nravitsa*

**je n'aime pas beaucoup …**
я не очень люблю …
*ia nié otchin' lioubliou …*

**je ne sais pas**
я не знаю
*ia nié znaiou*

**j'aurais bien aimé …**
я хотел (*m*) /хотела (*f*) бы …
*ia hatiél/hatiéla by …*

**je trouve ça ...**
я нахожу, что это ...
*ia nahajou, chto éta ...*

**j'ai trouvé ça ...**
я нашёл (m)/нашла (f), что это ...
*ia nachol/nachla, chto éta ...*

**je suis d'accord**
я согласен (m)/согласна (f)
*ia saglasién/saglasna*

**je ne suis pas d'accord**
я не согласен (m)/согласна (f)
*ia nié saglasién/saglasna*

**ça m'est égal**
мне всё равно
*mnié fsio ravno*

**ça a un drôle de goût**
у него странный вкус
*ou niévo strany fkous*

**ça ne me dit pas trop**
мне не очень хочется
*mnié nié otchin' hotchitsa*

**ça m'énerve**
это мне действует на нервы
*éta mnié diéïstvouiét na niérvy*

**c'est de l'arnaque**
это обман
*éta abman*

**c'est un attrape-touristes**
это приманка для туристов
*éta primanka dlia touristaf*

**il y a trop de monde**
слишком много народу
*slichkam mnoga narodou*

**il y avait beaucoup de monde**
было много народу
*bylo mnoga narodou*

**je me suis ennuyé(e) à mourir**
я до смерти скучал (m)/скучала (f)
*ia do smiérti skoutchial/skoutchiala*

**je n'ai pas compris grand-chose**
я почти ничего не понял (m)/поняла (f)
*ia patch'ti nitchivo nié ponial/paniala*

**on s'est bien amusés**
мы хорошо повеселились
*my haracho paviésiélilis'*

**il y avait une super bonne ambiance**
была чудная обстановка
*byla tchioudnaia apstanofka*

**j'ai rencontré des gens très sympas**
я встретил (m)/встретила (f) очень симпатичных людей
*ia fstriétil/fstriétila otchin' simpatitch'nyh lioudiéï*

**on a trouvé un petit hôtel très sympa**
мы нашли очень симпатичную гостиницу
*my nachli otchin' simpatitch'nouiou gastinitsou*

## Comprendre

**а если мы ...?**
*a iésli my ... ?*
et si on ...

**вам надо бы туда съездить**
*vam nada by touda s-iézdit'*
vous devriez y aller

**в этом нет ничего исключительного**
*v étam niét nitchivo isklioutchitiél'nava*
ça n'a rien d'exceptionnel

**лучше пойти туда на неделе, когда меньше народу**
*loutché païti touda na niédiélié kagda mién'ché narodou*
il vaut mieux y aller en semaine, il y a moins de monde

**можно было бы ...**
*mojna byla by ...*
on pourrait ...

**тебе нравится ...?**
*tiébié nravitsa ... ?*
est-ce que tu aimes ... ?

**тебе хочется ...?**
*tibié hotchiétsa ... ?*
ça te dit de ... ?

**тебе это понравилось?**
*tiébié éta panravilas' ?*
ça t'a plu ?

**это очень красивая местность**
*éta otchin' krasivaia miésnast'*
c'est une très belle region

**это стоит того, чтобы сделать крюк**
*éta stoit tavo chtoby sdiélat' kriouk*
ça vaut le detour

# PARLER DU TEMPS QU'IL FAIT

## S'exprimer

**quelles sont les prévisions météo pour demain ?**
какой прогноз погоды на завтра?
*kakoï pragnos pagody na zaftra ?*

**il va faire mauvais**
будет плохая погода!
*boudiét plahaia pagoda !*

**quel sale temps !**
какая мерзкая погода!
*kakaia miérskaia pagoda !*

**il a fait un temps magnifique**
была отличная погода
*byla atlitch'naia pagoda*

**il va faire beau**
будет хорошая погода
*boudiét harochaia pagoda*

**on a de la chance avec le temps**
нам везёт с погодой
*nam viziot s pagodaï*

**il fait vraiment chaud**
стоит жара
*stait jara*

**il a fait plus de 35 (degrés)**
было больше тридцати пяти (градусов)
*byla bol'ché tritsati piti (gradousaf)*

**quelle belle journée, hein ?**
какой прекрасный день, не правда ли?
*kakoï prikrasny dién', nié pravda li ?*

**il fait froid le soir**
по вечерам холодно
*pa vitchiram holadna*

**il fait humide**
сыро
*syra*

## Comprendre

**возможно, пойдёт дождь**
*vazmojna païdiot docht'*
il risque de pleuvoir

**обещали хорошую погоду на всю неделю**
*abiéchiali harochouiou pagodou na fsiou niédiéliou*
ils ont prévu du beau temps pour toute la semaine

**Quelques expressions familières**

**стоит собачий холод** il fait un froid de canard
**я продрог до костей** je crève de froid
**стоит жуткая жара** il fait une chaleur à crever
**мерзкая погода** un temps pourri

# VOYAGER, SE DÉPLACER

## Pour commencer

| | |
|---|---|
| **aéroport** | аэропорт *aéraport* |
| **aller-retour** | туда и обратно *touda i abratna* |
| **aller simple** | билет в один конец *biliét v adin kaniéts* |
| **arrêt de bus** | автобусная остановка *aftobous-naia astanofka* |
| **autoroute** | автострада *aftastrada* |
| **avion** | самолёт *samaliot* |
| **bagages** | багаж *bagach* |
| **bateau** | пароход *parahot* |
| **billet** | билет *biliét* |
| **bus** | автобус *aftobous* |
| **car** | междугородный автобус *miéj-dougarodny aftobous* |
| **carte** | карта *karta* |
| **centre-ville** | центр города *tséntr gorada* |
| **consigne** | камера хранения *kamira hraniéniia* |
| **embarquement** | посадка *pasatka* |
| **enregistrement** | регистрация *riégistratsiya* |
| **ferry** | паром *parom* |
| **gare** | вокзал *vakzal* |
| **gare routière** | автовокзал *aftavakzal* |
| **horaires** | расписание *raspisaniié* |
| **louer** | снимать/снять *snimat'/sniat'* |
| **métro** | метро *miétro* |
| **navette** | рейсовый автобус *riéïsavy aftobous* |
| **passeport** | паспорт *paspart* |
| **plan** | план *plan* |
| **porte** | выход *vyhat* |
| **quai** | платформа *platforma* |
| **réserver** | бронировать/забронировать *braniravat'/zabraniravat'* |

| | |
|---|---|
| **route** | дорога *daroga* |
| **rue** | улица *oulitsa* |
| **station de métro** | станция метро *stantsyia miétro* |
| **taxi** | такси *taksi* |
| **terminal** | аэровокзал *aéravakzal* |
| **ticket** | билет *biliét* |
| **train** | поезд *poiést* |
| **tramway** | трамвай *tramvaï* |
| **voiture** | машина *machyna* |
| **vol** | полёт *paliot* |

## S'exprimer

**où est-ce que je peux acheter des billets ?**
где можно купить билеты?
*gdié mojna koupit' biliéty ?*

**un billet pour ...**
билет в/на ...
*biliét v/na ...*

**je voudrais réserver un billet**
я хочу забронировать билет
*ia hatchiou zabraniravat' biliét*

**combien coûte un billet pour ... ?**
сколько стоит билет в/на ...?
*skol'ka stoit biliét v/na ... ?*

**est-ce qu'il y a des réductions pour les étudiants ?**
есть скидки для студентов?
*iést' skitki dlia stoudiéntaf ?*

**est-ce que vous auriez un dépliant avec les horaires ?**
у вас есть буклет с расписанием?
*ou vas iést' boukliét s raspisaniiém ?*

**est-ce qu'il vous reste des places pour ... ?**
у вас остались билеты в/на ...?
*ou vas astalis' biliéty v/na ... ?*

**il n'y en a pas plus tôt/tard ?**
нет раньше/позже?
*niét ran'ché/pozjé ?*

**est-ce que cette place est libre ?**
это место свободно?
*éta miésta svabodna ?*

**combien de temps dure le voyage ?**
сколько времени длится путешествие?
*skol'ka vriémiéni dlitsa poutiéchéstviié ?*

**désolé, il y a déjà quelqu'un**
к сожалению, здесь кто-то уже сидит
*k sajaliéniiou, zdiés' kto ta oujé sidit*

## Comprendre

**Déchiffrer les abréviations**

| | |
|---|---|
| **A** = автобус bus | **T** = трамвай tramway |
| **M** = метро métro | **T** = троллейбус trolleybus |

| | |
|---|---|
| **вход** | entrée |
| **вход воспрещён** | entrée interdite |
| **выход** | sortie |
| **женский туалет** | toilettes pour femmes |
| **информация** | renseignements |
| **мужской туалет** | toilettes pour hommes |
| **отменён** *atmiénion* | annulé |
| **отправление** | départs |
| **пересадки** | correspondances |
| **прибытие** *pribytiié* | arrivées |
| **туалет** | toilettes |
| **мест нет** *miést niét* | tout est complet |

# EN AVION

Les vols intérieurs sont assurés par la compagnie russe **Aéroflot**. Ces dernières années, en raison du prix élevé des transports aériens pour les Russes, de nombreux vols intérieurs ont été supprimés mais les liaisons restent assurées entre les principales villes. Ainsi les vols entre Saint-Pétersbourg et Moscou sont nombreux et réguliers.

Vous pouvez faire vos réservations dans les agences de voyages, présentes un peu partout dans les grandes villes. Dans ces agences, le personnel parle anglais et parfois même français.

## S'exprimer

**où est l'enregistrement des bagages pour Air France ?**
где регистрация багажа Air France?
*gdié riégistratsyia bagaja Air France ?*

**une valise et un bagage à main**
чемодан и ручная кладь
*tchimadan i routch'naia klat'*

**à quelle heure embarque-t-on ?**
в котором часу начинается посадка?
*f katoram tchisou natchinaiétsa pasatka ?*

**je voudrais confirmer mon vol de retour**
мне надо подтвердить обратный полёт
*mnié nada patviérdit' abratny paliot*

**il me manque une valise**
у меня пропал чемодан
*ou minia prapal tchimadan*

**mes bagages ne sont pas arrivés**
мой багаж не прибыл
*moï bagach nié pribyl*

**l'avion a eu 2 heures de retard**
самолёт опоздал на два часа
*samaliot apazdal na dva tchisa*

**j'ai raté ma correspondance**
я пропустил *(m)*/пропустила *(f)* пересадку
*ia prapoustil/prapoustila piériésatkou*

**j'ai oublié quelque chose dans l'avion**
я что-то забыл *(m)*/забыла *(f)* в самолёте
*ia chto ta zabyl/zabyla f samaliotié*

**je voudrais faire une déclaration de perte pour mes bagages**
мне надо сделать заявление о пропаже багажа
*mnié nada sdiélat' zaiavliéniié a prapajé bagaja*

## Comprendre

| | |
|---|---|
| **(немедленная) посадка** | embarquement (immédiat) |
| **внутренние полёты** | vols intérieurs |

| | |
|---|---|
| **выдача багажа** | retrait des bagages |
| **зал отправления** | salle d'embarquement |
| **нечего предъявить** | rien à déclarer |
| **регистрация багажа** | enregistrement des bagages |
| **таможня** | douane |
| **товары для предъявления** | marchandises à déclarer |

**подождите в зале отправления**
*padajd**i**tié v z**a**lié atpravl**ié**niia*
veuillez patienter dans la salle d'embarquement

**одно место у окна или в проходе?**
*adn**o** mi**é**sta ou akn**a** **i**li f prah**o**dié ?*
une place côté hublot ou côté couloir ?

**у вас пересадка в ...**
*ou vas piériés**a**tka v …*
vous avez une correspondance à …

**сколько у вас багажа?**
*sk**o**l'ka ou vas bagaj**a** ?*
combien de bagages avez-vous ?

**у вас превышение веса на пятнадцать килограмм**
*ou vas prévych**é**niié vi**é**sa na piatn**a**tsat' kilagr**a**m*
vous avez un excédent de 15 kilos

**вот ваш посадочный талон**
*vot vach pas**a**datch'ny talon*
voilà votre carte d'embarquement

**пройдите к выходу ...**
*praïd**i**tié k v**y**hadou …*
veuillez vous rendre à la porte …

**позвоните по этому номеру, чтобы узнать о прибытии багажа**
*pazvan**i**tié pa **é**tamou n**o**mirou chtoby ouzn**a**t' a prib**y**tii bagaj**a***
appelez ce numéro pour savoir si vos bagages sont arrivés

# EN TRAIN, CAR, BUS, MÉTRO, TRAMWAY

Les trains russes sont lents mais dans l'ensemble confortables. Vous pouvez acheter vos billets dans les gares ou dans des agences spécialisées, **касса предварительной продажи** *(kasa priédvaritiél'naï pradajy)*, le jour même du départ ou plusieurs jours à l'avance (jusqu'à 45 jours avant la date du départ). Sur les grandes lignes, les trains sont divisés en 4 catégories. Les **мягкие вагоны** *(miahkiié vagony)* sont des compartiments à deux places, assez spacieux, qui correspondent à notre première classe. Un peu moins chers, les **купейные вагоны** *(koupiéïnyié vagony)* sont des compartiments à 4 couchettes ; ce sont les plus demandés. Les **плацкартные вагоны** *(platskartnyié vagony)* sont des couchettes le long du couloir. Les **общие вагоны** *(opchiié vagony)* sont des couchettes rudimentaires, sans matelas ni drap. Les trains comportent en général un wagon-restaurant. Les trains de banlieue s'appellent **электрички** *(éliéktritch'ki)*.

Si vous êtes à Saint-Pétersbourg ou à Moscou, le métro est le moyen de transport le plus rapide et le plus pratique (un métro toutes les 2 minutes). À Moscou, les stations sont souvent de vrais musées, ornées de marbres, de peintures et de lustres somptueux. Le métro fonctionne de 6h à 1h du matin. Disponibles aux guichets des stations, des jetons **жетоны** *(jétony)* ou des cartes magnétiques **магнитные карточки**, à Moscou, vous permettent d'accéder aux stations et de voyager ensuite sur l'ensemble du réseau. Des cartes mensuelles **единые билеты** *(iédinyié biliéty)* valables pour tous types de transport sont vendues dans les stations de métro ainsi que dans les kiosques.

Les villes russes sont en général bien desservies par les bus et les tramways, mais ceux-ci sont moins pratiques que le métro car peu réguliers et très vétustes. Les tickets, **талоны** *(talony)*, s'achètent dans le bus ou dans les kiosques à journaux. En montant vous devez composter votre ticket dans l'un des appareils situés au-dessus des sièges.

## S'exprimer

**est-ce que je peux avoir un plan du métro ?**
я могу получить план метро?
*ia magou paloutchit' plan miétro ?*

**à quelle heure est le prochain train pour ... ?**
в котором часу следующий поезд в/на ...?
*f katoram tchisou sliédouchi poiést v/na ... ?*

**à quelle heure part le dernier train ?**
в котором часу отправляется последний поезд?
*f katoram tchisou atpravliaiétsa pasliédni poiést ?*

**de quel quai part le train pour ... ?**
с какой платформы отправляется поезд в ...?
*s kakoï platformy atpravliaiétsa poiést v ... ?*

**où est-ce que je peux prendre un bus pour ... ?**
где я могу сесть на автобус в/на ...?
*gdié ia magou siést' na aftobous v/na ... ?*

**quelle ligne dois-je prendre pour ... ?**
на какой автобус мне надо сесть, чтобы добраться до ...?
*na kakoï aftobous mnié nada siést', chtoby dabratsa da ... ?*

**c'est bien l'arrêt de bus pour ... ?**
это остановка автобуса в/на ...?
*éta astanofka aftobousa v/na ... ?*

**c'est bien d'ici que part le car pour ... ?**
отсюда отправляется междугородный автобус в/на ...?
*atsiouda atpravliaiétsa miéjdougarodny aftobous v/na ... ?*

**pourriez-vous me dire quand il faut descendre ?**
вы не знаете, когда мне сходить?
*vy nié znaiétié, kagda mnié shadit' ?*

**j'ai raté mon train**
я пропустил *(m)*/пропустила *(f)* поезд
*ia prapoustil/prapoustila poiést*

## Comprendre

| | |
|---|---|
| **бронь** *bron'* | réservations |
| **выход на перрон** | accès aux quais |
| **дневное отправление** | départs dans la journée |
| **касса** *kasa* | billetterie |
| **на день** *na dién'* | pour la journée |
| **ежемесячный** *iéjémié-siatch'ny* | mensuel |
| **еженедельный** *iéjénié-diél'ny* | hebdomadaire |
| **через две остановки** *tchiériés dvié astanofki* | dans deux arrêts |

**без сдачи, пожалуйста**
*biés sdatchi pajalousta*
faites l'appoint, s'il vous plaît

**вам надо сделать пересадку в ...**
*vam nada sdiélat' piériésatkou v …*
vous avez un changement à …

**вам надо сесть на автобус номер**
*vam nada siést' na aftobous nomir …*
vous devez prendre le bus n°…

**остановка чуть дальше справа**
*astanofka tchiout' dal'ché sprava*
il y a un arrêt juste un peu plus loin à droite

**этот автобус едет до вокзалов ...**
*état aftobous édiét da vakzalaf …*
ce train dessert les gares de …

# EN VOITURE

Étant donné le mauvais état des routes et la signalisation médiocre, il vaut mieux éviter de conduire en Russie. Si toutefois vous voulez louer une voiture sur place, sachez que vous devez avoir au moins 21 ans et être titulaire d'un permis international. La location peut être effectuée par l'intermédiaire d'une agence de voyage ou de votre hôtel. Le port de la ceinture est obligatoire à l'avant et la vitesse est limitée à 60 km/h dans les villes et à 90 km/h sur les routes. Attention : la police de la route **ГАИ** *(gai)* est très présente. Les stations-services sont rares en dehors des grandes villes. Il est préférable de se garer près des grands hôtels car le vol de voitures ou de pièces détachées est monnaie courante.

Le taxi est libre lorsqu'il affiche un signal lumineux vert. Il vaut mieux négocier le prix de la course au départ car les compteurs sont peu utilisés et les prix varient en fonction de plusieurs critères. Le soir et la nuit les tarifs sont plus élevés qu'en journée et si vous êtes étranger, le prix sera souvent multiplié par deux. Il n'y a pas de supplément à payer pour les bagages.

Plus rapides que les bus et beaucoup moins chers que les taxis, les **маршрутное такси** (*marchr**ou**tnaié taks**i***) sont des mini-bus ayant un itinéraire fixe et pouvant contenir une dizaine de personnes. Souvent aussi, pour gagner un peu d'argent, des particuliers arrêtent leur voiture pour prendre des voyageurs en stop. Le prix est à négocier.

## S'exprimer

**où est-ce que je peux trouver une station-service ?**
где я могу найти заправочную станцию?
*gdié ia mag**ou** naït**i** zapr**a**vatch'nouiou st**a**ntsyiou ?*

**le plein de sans-plomb, s'il vous plaît**
полный бак а девяноста восьмого экстра, пожалуйста
*p**o**lny bak a diévién**o**sta vas'm**o**va **é**kstra, paj**a**lousta*

**on a été bloqués dans un embouteillage**
мы застряли в пробке
*my zastriali f propkié*

**est-ce qu'il y a un garage par ici ?**
здесь есть станция техобслуживания?
*zdiés' iést' stantsyia tiéhapsloujyvaniia ?*

**pourriez-vous m'emmener à la station-service la plus proche ?**
вы не отвезёте меня на ближайшую заправочную станцию?
*vy nié atviéziotié minia na blijaïchouiou zapravatch'nouiou stantsyiou ?*

**pouvez-vous nous aider à pousser ?**
вы можете помочь нам толкать?
*vy mojétié pamotch' nam talkat' ?*

**la batterie est morte**
аккумулятор сел
*akoumouliatar siél*

**je suis tombé en panne**
у меня сломалась машина
*ou minia slamalas' machyna*

**nous sommes en panne d'essence**
у нас кончился бензин
*ou nas kontchilsia biénzin*

**j'ai crevé**
я проколол *(m)*/проколола *(f)* шину
*ia prakalol/prakalola chynou*

**nous venons d'avoir un accident**
с нами только что произошёл несчастный случай
*s nami tol'ka chto praizachol niéchiasny sloutchiaï*

**j'ai perdu les clés de ma voiture**
я потерял ключи от машины
*ia patirial klioutchi at machyny*

**ça va prendre combien de temps à réparer ?**
сколько времени займёт ремонт?
*skol'ka vriémiéni zaïmiot rimont ?*

## ♦ Location de voiture

**je voudrais louer une voiture pour une semaine**
мне нужно взять напрокат машину на неделю
*mnié noujna vziat' naprakat machynou na niédiéliou*

**une voiture à boîte de vitesses automatique**
машина с автоматическим переключением скоростей
*machyna s aftamatitchiskim piériéklioutchiéniiém skarastiéï*

**je voudrais prendre une assurance tous risques**
мне нужно взять страховку от всех рисков
*mnié noujna vziat' strahofkou at fsiéh riskaf*

## ♦ En taxi

**je voudrais aller à ...**
мне надо ехать в/на ...
*mnié nada iéhat' v/na ...*

**je voudrais un taxi pour 8h**
мне нужно такси на восемь часов
*nié noujna taksi na vosiém' tchisof*

**vous pouvez m'arrêter ici, merci**
остановитесь здесь, пожалуйста
*astanavitiés' zdiés', pajalousta*

**combien ça va me coûter pour aller à l'aéroport ?**
сколько будет стоить дорога до аэропорта?
*skol'ka boudiét stoit' daroga da aéraporta ?*

## ♦ En auto-stop

**je vais à ...**
я еду в ...
*ia iédou v ...*

**merci de m'avoir emmené**
спасибо, что подвезли
*spasiba chto padviézli*

**est-ce que vous pourriez me déposer ici ?**
высадите меня здесь, пожалуйста
*vysaditié minia zdiés', pajalousta*

## Comprendre

**все направления** toutes directions

**другие направления** autres directions
**замедлите ход** ralentissez
**мест нет** complet
**прокат машин** location de voitures
**стоянка** parking
**стоянка запрещена** stationnement interdit

**сохраняйте ваш билет**
conservez votre ticket

**залог четыреста рублей**
*zalok tchityriésta roublieï*
la caution est de 400 roubles

**хорошо, садитесь, я довезу вас до ...**
*haracho saditiés' ia daviézou vas da …*
c'est bon, montez, je vais vous avancer jusqu'à …

# EN BATEAU

ⓘ

Les agences de voyages proposent toutes sortes de croisières touristiques sur la Volga, notamment entre Moscou et Saint-Pétersbourg ou pour visiter des villes anciennes, telles que Iaroslavl ou Nijni Novgorod.

## S'exprimer

**combien de temps dure la traversée ?**
сколько времени длится поездка ?
*skol'ka vriémiéni dlitsa paiiéstka ?*

**j'ai le mal de mer**
у меня морская болезнь
*ou minia marskaia baliézn'*

## Comprendre

**пассажиры без машины** passagers sans véhicule
**следующее отправление в ...** prochain départ à …

VOYAGER, SE DÉPLACER

# HÉBERGEMENT

Il est impératif de réserver un hôtel avant votre départ car vous devez donner votre adresse en Russie pour obtenir un visa touristique. Pour les petits budgets, il existe peu d'hôtels bon marché (70–90 euros la nuit). Les meilleurs hôtels sont gérés par des compagnies occidentales et leurs prix sont semblables à ceux de nos hôtels 4 et 5 étoiles, c'est-à-dire souvent très chers ; ces hôtels acceptent les cartes de crédit. À votre arrivée, vous devez laisser votre passeport à la réception ; on vous donnera alors un laissez-passer (*propousk*) que vous présenterez à la "femme de l'étage" (*diéjournaia*) pour qu'elle vous remette vos clés.

Si vous voulez plonger au cœur de la vie russe, vous pouvez aussi loger chez l'habitant. Dans les grandes villes, il existe des associations de familles d'accueil, comme la **HOFA** (Host Families Association) à Saint-Pétersbourg.

Les auberges de jeunesse ne sont pas encore très répandues en Russie.

Les étrangers sont à présent autorisés à loger chez leurs amis russes, mais ces derniers doivent obligatoirement leur adresser une invitation.

Si vous voulez faire du camping, vous devez réserver avant votre départ auprès d'une agence de voyages. Les campings sont en général ouverts du 1er juin au 30 septembre.

## Pour commencer

| | |
|---|---|
| **appartement** | квартира *kvartira* |
| **auberge de jeunesse** | турбаза *tourbaza* |
| **avec cuisine** | с кухней *s kouhniéï* |
| **avec douche** | с душем *s douchém* |
| **camping** | кемпинг *kiempink* |

| | |
|---|---|
| **caravane** | караван *karavan* |
| **chambre double** | номер на двоих *nomir na dvaih* |
| **chambre pour une personne** | номер на одного *nomir na adnavo* |
| **clé** | ключ *klioutch'* |
| **demi-pension** | полупансион *poloupansion* |
| **hôtel** | гостиница *gastinitsa* |
| **lit double** | двуспальная кровать *dvouspal'naia kravat'* |
| **lit pour une personne** | односпальная кровать *adnaspal'naia kravat'* |
| **locataire** | квартиросъёмщик *kvartiras-iomchik* |
| **louer** | *(prendre à loyer)* снимать/снять *snimat'/sniat'*; *(mettre en location)* сдавать/сдать *sdavat'/sdat'* |
| **maison** | дом *dom* |
| **pension complète** | полный пансион *polny pansion* |
| **petit déjeuner compris** | с завтраком *s zaftrakam* |
| **prix par personne** | цена на человека *tséna na tchilaviéka* |
| **propriétaire** | владелец *vladiéliéts* |
| **réserver** | бронировать *braniravat'* |
| **télévision avec satellite/cable** | спутниковое/кабельное телевидение *spoutnikavaié/kabiél'naié tiéliévidiéniié* |
| **tente** | палатка *palatka* |
| **toilettes** | туалет *toualiét* |
| **tout compris** | всё включено *fsio fklioutchino* |

## S'exprimer

**est-ce que vous pouvez m'écrire l'adresse ?**
вы можете написать мне адрес?
*vy mojétié napisat' mnié adris ?*

**où peut-on faire les courses dans le coin ?**
куда можно пойти за покупками поблизости?
*kouda mojna païti za pakoupkami pablizasti ?*

**comment marche la douche ?**
как работает душ?
*kak rabotaiét douch ?*

**est-ce qu'il serait possible de rester une autre nuit ?**
**можно остаться ещё на одну ночь?**
*mojna astatsa ichio na adnou notch' ?*

**vous acceptez les cartes de crédit ?**
**вы принимаете кредитные карточки?**
*vy prinimaiétié kriéditnyié kartatch'ki ?*

**y a-t-il une banque par ici ?**
**здесь есть банк?**
*zdiés' iést' bank ?*

**j'ai réservé (par téléphone) ... au nom de ...**
**я забронировал** *(m)* **/забронировала** *(f)* **(по телефону) ... на фамилию...**
*ia zabraniraval/zabraniravala (pa tilifonou) ... na familiiou...*

## Comprendre

| | |
|---|---|
| **ванная** *vanaia* | salle de bains |
| **номер с ванной** *nomir s vanaï* | chambre avec salle de bains |
| **регистрация** *riégistratsyia* | réception |
| **с кухней** *s kouhniéï* | avec cuisine |
| **свободные номера** *svabodnyié namira* | chambres libres |
| **свободных мест нет** *svabodnyh miést niét* | complet |
| **частный** *tchiasny* | privé |

**заполните этот бланк**
*zapolnitié état blank*
est-ce que vous pouvez remplir cette fiche ?

**покажите ваш паспорт**
*pakajytié vach paspart*
est-ce que je peux voir votre passeport ?

# HÔTEL ET CHAMBRE D'HÔTES

## S'exprimer

**je voudrais réserver une chambre pour 2 personnes pour demain soir**
я хочу забронировать номер на двоих на завтра на вечер
*ia hatchiou zabraniravat' nomir na dvaih na zaftra na viétchir*

**je voudrais réserver 2 chambres individuelles pour 3 nuits**
я хочу забронировать два номера на одного на три ночи
*ia hatchiou zabraniravat' dva nomira na adnavo na tri notchi*

**est-ce qu'il vous reste des chambres de libres ?**
у вас остались свободные номера?
*ou vas astalis' svabodnyié namira ?*

**une chambre pas chère pour une personne**
недорогой номер на одного
*niédaragoï nomir na adnavo*

**c'est pour un couple et 2 enfants**
это для пары с двумя детьми
*éta dlia pary s dvoumia dit'mi*

**ça n'a pas vraiment d'importance**
это не имеет большого значения
*éta ni imiéiét bal'chova znatchiéniia*

**est-ce que je peux voir la chambre ?**
я могу посмотреть номер?
*ia magou pasmatriét' nomir ?*

**c'est bien, je la prends**
хорошо, я его возьму
*haracho, ia iévo vaz'mou*

**avez-vous quelque chose de plus calme ?**
у вас есть что-нибудь поспокойнее?
*ou vas iést' chto nibout' paspakoïniéié ?*

**est-ce qu'il est possible d'ajouter un lit supplémentaire ?**
можно поставить ещё одну кровать?
*mojna postavit' ichio adnou kravat' ?*

**nous pensons rester 2 nuits**
мы думаем остаться на две ночи
*my doumaiém astatsa na dvié notchi*

**pourriez-vous me recommander un autre hôtel ?**
вы могли бы посоветовать мне другую гостиницу?
*vy magli by pasaviétavat' mnié drougouiou gastinitsou ?*

**combien coûte une chambre avec salle de bains ?**
сколько стоит номер с ванной?
*skol'ka stoit nomir s vanaï ?*

**vous n'avez rien de moins cher ?**
у вас нет ничего подешевле?
*ou vas niét nitchivo padichévlié ?*

**est-ce que le petit déjeuner est inclu ?**
завтрак включён?
*zaftrak fklioutchion ?*

**est-ce que l'hôtel est près du centre ?**
гостиница недалеко от центра?
*gastinitsa niédaliéko at tséntra ?*

**la clé de la 24, s'il vous plaît**
дайте, пожалуйста, ключ от двадцать четвёртого номера
*daïtié, pajalousta, klioutch' at dvatsat' tchitviortava nomira*

**j'aimerais changer de chambre, la mienne est trop bruyante**
я хочу сменить номер, мой номер слишком шумный
*ia hatchiou smiénit' nomir, moï nomir slichkam choumny*

**est-ce que je peux avoir une couverture supplémentaire ?**
вы можете дать мне ещё одно одеяло?
*vy mojétié dat' mnié ichio adno adiiala ?*

**y a-t-il une prise pour le rasoir ?**
есть розетка для электробритвы?
*iést' raziétka dlia éliéktrabritvy ?*

**la climatisation ne marche pas**
кондиционер не работает
*kanditsyaniér nié rabotaiét*

**il n'y a pas de bonde pour la baignoire**
в ванной нет пробки
*v vanaï niét propki*

**je n'arrive pas à faire marcher la douche**
мне не удаётся  включить душ
*mnié nié oudaiotsa fklioutchit' douch*

**pouvez-vous me montrer comment ça marche ?**
вы можете мне показать, как он работает?
*vy mojétié mnié pakazat', kak on rabotaiét ?*

**nous n'avons pas de serviettes de toilette**
у нас нет полотенец
*ou nas niét palatiénits*

**il n'y a plus de papier toilette**
больше нет туалетной бумаги
*bol'ché niét toualiétnaï boumagi*

## Comprendre

**есть не очень дорогая  и очень хорошая гостиница недалеко от ...**
*iést' nié otchin' daragaia i otchin' harochaia gastinitsa niédaliéko at…*
il y a un hôtel pas trop cher et vraiment bien près de …

**завтрак - с семи тридцати до девяти**
*zaftrak s siémi tritsati da diéviti*
le petit déjeuner est servi entre 7h30 et 9h

**как вы думаете, в котором часу вы приедете?**
*kak vy doumaiétié f katoram tchisou vy priiéditié ?*
à quelle heure pensez-vous arriver ?

**мне очень жаль, но мест нет**
*mnié otchin' jal' no miést niét*
non, je regrette, nous sommes complets

**надо освободить номера до двенадцати часов дня**
*nada asvabadit' namira da dviénatsati tchisof dnia*
les chambres doivent être libérées avant midi

**на сколько ночей?**
*na skol'ka natchiéï ?*
c'est pour combien de nuits ?

**с ванной или без?**
*s vanaï ili biés ?*
avec ou sans salle de bains ?

**скажите, пожалуйста, вашу фамилию**
*skajytié pajalousta vachou familiiou*
quel est votre nom, s'il vous plaît ?

**у меня остался только номер на двоих**
*ou minia astalsia tol'ka nomir na dvaih*
il ne me reste qu'une chambre double

**что вы ищете?**
*chto vy ichitié ?*
qu'est-ce que vous cherchez ?

**этот ключ - от входной двери, а этот - от вашего номера**
*état klioutch' at fhadnoï dviéri, a état at vachéva nomira*
celle-là est la clé de la porte d'entrée et l'autre celle de votre chambre

# AUBERGE DE JEUNESSE

## S'exprimer

**est-ce que je peux laisser mon sac à dos à la réception ?**
я могу оставить рюкзак у администратора?
*ia magou astavit' svoï rioukzak ou administratara ?*

**je viendrai le récupérer vers 7h**
я приду за ним к семи часам
*ia pridou za nim k simi tchisam*

**il n'y a pas d'eau chaude**
нет горячей воды
*niét gariatchiéï vady*

**l'évier est bouché**
раковина засорена
*rakavina zasoriéna*

## Comprendre

**даются простыни**
*daioutsa prostyni*
les draps sont fournis

**у вас есть членский билет?**
*ou vas iést' tchliénski biliét ?*
avez-vous une carte de membre ?

**турбаза снова открывается в шесть часов**
*tourbaza snova atkryvaiétsa f chést' tchisof*
l'auberge rouvre à 6h

# LOCATION

## S'exprimer

**je cherche quelque chose qui soit près du centre**
я ищу что-нибудь недалеко от центра
*ia ichiou chto nibout' niédaliéko at tséntra*

**où dois-je prendre/laisser les clés ?**
где я могу взять/оставить ключи?
*gdié ia magou vziat'/astavit' klioutchi ?*

**où est le compteur électrique ?**
где электрический счётчик?
*gdié éliéktritchiski chiotchik ?*

**est-ce qu'il y a des draps de rechange ?**
есть простыни на смену?
*iést' prostyni na smiénou ?*

**où dois-je sortir les poubelles ?**
куда мне выбросить мусор?
*kouda mnié vybrasit' mousar ?*

**je suis désolé(e), j'ai cassé le/la ...**
извините, я разбил (*m*)/ разбила (*f*) ...
*izvinitié, ia razbil/razbila ...*

**je ne trouve pas le/la ...**
я не могу найти ...
*ia nié magou naïti ...*

**j'ai fermé la porte en laissant les clés à l'intérieur**
я захлопнул дверь и забыл ключи в номере
*ia zahlopnoul dviér' i zabyl klioutchit v nomirié*

## Comprendre

**цена включает отопление, электричество и газ**
*tséna fklioutchiaiét ataplíéniié, éliéktritchistva i gas*
le prix comprend le chauffage, l'électricité et le gaz

**номер будут убирать после вашего отъезда**
*nomir boudout oubirat' poslié vachéva at-iézda*
il y a quelqu'un qui va passer pour le ménage après votre départ

**он полностью меблирован**
*on polnastiou miéblirovan*
c'est entièrement meublé

# CAMPING

## S'exprimer

**y a-t-il un camping près d'ici ?**
недалеко отсюда есть кемпинг?
*niédaliéko atsiouda iést' kiémpink ?*

**je voudrais un emplacement pour une tente pour 2 jours**
я хочу место для палатки на два дня
*ia hatchiou miésta dlia palatki na dva dnia*

**c'est combien par jour ?**
сколько стоит в день?
*skol'ka stoit v dién' ?*

**où sont les poubelles ?**
куда выбрасывают мусор?
*kouda vybrasyvaiout mousar ?*

**est-ce qu'il y a une cabine téléphonique ?**
есть телефон-автомат?
*iést' tilifon aftamat ?*

**je voudrais régler – on était au numéro 62, allée B**
я хочу заплатить – мы жили на аллее Б в номере 62
*ia hatchiou zaplatit' – my jyli na aliéié bé v nomiérié chésdisiat dva*

**est-ce que vous pourriez nous prêter votre ... ?**
вы могли бы одолжить нам ваш ...?
*vy magli by adaljyt' nam vach ... ?*

## Comprendre

**обязательно звоните мне, если у вас будут трудности**
*abiazatiél' na zvanitié mnié iésli ou vas boudout troudnasti*
n'hésitez pas à m'appeler si vous avez un problème

**это стоит ... в день/на человека и ... за палатку**
*éta stoit ... v dién'/na tchilaviéka i ... za palatkou*
c'est ... par jour/par personne et ... par tente

# BOIRE ET MANGER

Après l'éclatement de l'URSS, de nombreux cafés, restaurants, bars et snacks sont apparus. Les restaurants indépendants qui ont remplacé les anciens établissements gérés par l'État offrent en général une cuisine variée et très bonne. Vous trouverez de quoi manger sur le pouce dans une **столовая** *(stalovaia)* ou un **буфет** *(boufiét)*.

Les restaurants ferment en général tôt, vers 23h. Le service est toujours compris mais rien ne vous empêche de laisser un pourboire (pratique courante dans les grands restaurants). Attention : l'eau du robinet n'est pas potable. À la place, buvez de l'eau minérale, du thé … ou de la vodka !

Si vous voulez consommer de l'alcool, vous pouvez aller dans un **пивной бар** *(pivnoï bar)*, bar à bière où l'on sert aussi des repas légers.



## Pour commencer

| | |
|---|---|
| **addition** | счёт *chiot* |
| **apéritif** | аперитив *apiéritif* |
| **bière** | пиво *piva* |
| **bouteille** | бутылка *boutylka* |
| **café crème** | кофе со сливками *kofié sa slifkami* |
| **café noisette** | кофе и чуть-чуть молока *kofié i tchiout' tchiout' malaka* |
| **carafe** | графин *grafin* |
| **carte** *(menu)* | меню *miéniou* |
| **Coca-cola®** | кока-кола *koka kola* |
| **commander** | заказывать *zakazyvat'* |
| **déjeuner** *(n)* | обед *abiét* |
| **déjeuner** *(v)* | обедать *abiédat'* |
| **dessert** | десерт *disiért* |
| **dîner** *(n)* | ужин *oujyn* |

| | |
|---|---|
| **dîner** *(v)* | ужинать *oujynat'* |
| **eau gazeuse/minérale** | газированная/минеральная вода *gazirovanaia/miniéral'naia vada* |
| **eau plate** | негазированная вода *niégazirovanaia vada* |
| **entrée** | закуска *zakouska* |
| **expresso** | экспрессо *ékspréso* |
| **fromage** | сыр *syr* |
| **jus de fruit** | фруктовый сок *frouktovy sok* |
| **manger** | есть *iést'* |
| **menu** *(formule à prix fixe)* | меню *miéniou* |
| **petit déjeuner** | завтрак *zaftrak* |
| **plat de résistance** | второе блюдо *ftaroié blioud a* |
| **pression** | пиво в разлив *piva v razliv* |
| **sandwich** | бутерброд *boutérbrot* |
| **thé** | чай *tchiaï* |
| **verre** | стакан *stakan* |
| **vin rouge/blanc/rosé** | красное/белое/розовое вино *krasnaié/biélaié/rozavaié vino* |

## S'exprimer

**on va manger un bout ?**
пойдём что-нибудь поедим?
*païdiom chto nibout' paiédim ?*

**on va boire un verre ?**
выпьем стаканчик?
*vyp'iém stakantchik ?*

**on va prendre un café ?**
выпьем кофе?
*vyp'iém kofié ?*

**est-ce que vous pouvez nous recommander un restaurant ?**
вы можете нам посоветовать ресторан?
*vy mojétié nam pasaviétavat' ristaran ?*

**je n'ai pas très faim**
я не очень хочу есть
*ia nié otchin' hatchiou iést'*

**j'ai super faim**
я ужасно хочу есть
*ia oujasna hatchiou iést'*

**s'il vous plaît !** *(pour appeler le serveur)*
извините!
*izvinitié !*

**je voudrais un sandwich au thon, s'il vous plaît**
дайте мне, пожалуйста, бутерброд с тунцом
*daïtié mnié, pajalousta, boutérbrot s tountsom*

**j'en reprendrai un autre**
я возьму ещё один
*ia vaz'mou ichio adin*

**bon appétit !**
приятного аппетита!
*priiatnava apiétita*

**à la tienne/vôtre !**
за твоё/ваше здоровье!
*za tvaio/vaché zdarovié !*

**santé !**
за здоровье!
*za zdarovié !*

**c'est délicieux**
это очень вкусно
*éta otchin' fkousna*

**c'est pas assez salé**
здесь не хватает соли
*zdiés' nié hvataiét soli*

**c'est très gras**
это очень жирно
*éta otchin' jyrna*

**c'est trop épicé**
это слишком острая пища
*éta slichkam ostraia pichia*

**j'ai trop bu hier**
вчера я слишком много выпил *(m)*/выпила *(f)*
*ftchira ia slichkam mnoga vypil/vypila*

**est-ce que vous pourriez apporter un cendrier ?**
принесите, пожалуйста, пепельницу
*priniésitié pajalousta piépil'nitsou*

**où sont les toilettes, s'il vous plaît ?**
скажите, пожалуйста, где туалет?
*skajytié pajalousta, gdié toualiét ?*

## Comprendre

**на вынос** *na vynas* — à emporter
**на месте** *na miéstié* — sur place

**извините, мы не обслуживаем после десяти**
*izvinitié my nié apsloujyvaiém poslié diésiati*
désolé, nous ne servons plus après 10h

BOIRE ET MANGER

# RÉSERVER UNE TABLE

## S'exprimer

**allô, bonjour, je voudrais réserver une table pour 2 pour demain soir**
алло, здравствуйте, мне надо заказать столик на двоих на завтра на вечер
*alo zdrastvouïtié, mnié nada zakazat' stolik na dvaih na zaftra na viétchir*

**vers 8h**
к восьми часам
*k vas'mi tchisam*

**une table pour 4, s'il vous plaît**
столик на четверых, пожалуйста
*stolik na tchitviryh, pajalousta*

**vous n'avez pas de table libre plus tôt ?**
у вас нет свободного столика пораньше?
*ou vas niét svabodnava stolika paran'ché ?*

**j'ai reserve une table au nom de ...**
я заказал (*m*)/заказала (*f*) столик на фамилию ...
*ia zakazal/zakazala stolik na familiiou ...*

## Comprendre

**заказано** *zakazana*
réservé

**вас сколько?**
*vas skol'ka ?*
vous êtes combien ?

**вы заказали?**
*vy zakazali ?*
est-ce que vous avez réservé ?

**вас устраивает восемь тридцать?**
*vas oustraivaiét vosiém' tritsat' ?*
8h30, ça vous va ?

**для курящих или для некурящих?**
*dlia kouriachih ili dlia niékouriachih ?*
fumeurs ou non-fumeurs ?

**здравствуйте, вы будете есть?**
*zdrastvouïtié vy boudiétié iést' ?*
bonjour, c'est pour manger ?

**на какую фамилию?**
*na kakouiou familiou ?*
c'est à quel nom ?

**на который час?**
*na katory tchias ?*
pour quelle heure ?

# COMMANDER À MANGER

## S'exprimer

**qu'est-ce que vous nous recommandez ?**
что вы нам посоветуете?
*chto vy nam pasaviétouiétié ?*

**oui, je crois qu'on a choisi**
да, я думаю, что мы выбрали
*da, ia doumaiou chto my vybrali*

**non, pas encore**
нет ещё
*niét ichio*

**je voudrais ...**
я хочу ...
*ia hatchiou ...*

**on va prendre 2 menus à 300 roubles**
мы возьмём два меню по 300 рублей
*my vaz'miom dva miéniou pa trista roubliéï*

**pour moi, ça sera ... et ...**
я возьму это ... и ...
*ia vaz'mou éta ... i ...*

**... mais sans ...**
... но без ...
*... no biés ...*

**je ne sais pas ce que sont les "pélméni"**
я не знаю, что такое пельмени?
*ia nié znaiou chto takoié pil'miéni ?*

**je vais prendre ça alors**
тогда я возьму это
*tagda ia vaz'mou éta*

**quel est le plat du jour ?**
какое дежурное блюдо?
*kakoié diéjournaié bliouda ?*

**juste de l'eau (plate), s'il vous plaît**
только (негазированную) воду, пожалуйста
*tol'ka (niégazirovanouiou) vodou pajalousta*

**une bouteille d'eau minérale**
бутылку минеральной воды
*boutylkou miniéral'naï vady*

**une demi-bouteille de vin rouge**
полбутылки красного вина
*polboutylki krasnava vina*

**on va partager – est-ce que vous pouvez nous apporter 2 assiettes ?**
мы разделим, вы можете нам принести две тарелки?
*my razdiélim, vy mojétié nam priniésti dvié tariélki ?*

**ce n'est pas ce que j'ai commandé**
это не то, что я заказывал *(m)*/заказывала *(f)*
*éta nié to, chto ia zakazyval/zakazyvala*

**est-ce qu'on peut avoir encore du pain ?**
вы можете принести ещё хлеба?
*vy mojétié priniésti ichio hliéba ?*

**qu'est-ce que vous avez comme desserts ?**
что у вас на десерт?
*chto ou vas na disiért ?*

## Comprendre

**выбирайте, я вернусь через минуту**
*vybiraïtié ia viérnous' tchiériés minoutou*
je vous laisse choisir et je reviens

**вы выбрали?**
*vy vybrali ?*
vous avez choisi ?

**вы хотите десерт?**
*vy hatitié disiért ?*
désirez-vous un dessert ?

**что вы будете пить?**
*chto vy boudiétié pit' ?*
et comme boisson ?

**это что-то вроде рагу из ...**
*éta chto ta vrodié ragou iz ...*
c'est une sorte de ragoût de ...

**извините, но у нас больше нет ...**
*izvinitié no ou nas bol'ché niét ...*
désolé, nous n'avons plus de ...

# AU CAFÉ

## S'exprimer

**qu'est-ce que tu prends ?**
что ты возьмёшь?
*chto ty vaz'mioch ?*

**je t'offre un verre**
я угощаю тебя стаканчиком
*ia ougachiaiou tibia stakantchikam*

**non, cette fois c'est pour moi**
нет, в этот раз это я
*niét, v état ras éta ia*

**je vais prendre ...**
я возьму ...
*ia vaz'mou ...*

**une pression**
один стакан пива в разлив
*adin stakan piva v razlif*

**un café allongé**
чашку некрепкого кофе
*tchiachkou niékriépkava kofié*

**un Coca-cola® sans glaçons, s'il vous plaît**
одну кока-колу безо льда, пожалуйста
*adnou koka kolou biéza l'da pajalousta*

**un Coca light®, avec beaucoup de glaçons**
одну кока-колу лайт и много льда
*adnou koka kolou laït i mnoga l'da*

**un petit verre de vin blanc sec**
маленькую рюмку белого сухого вина
*malién'kouiou rioumkou biélava souhova vina*

**un thé avec une rondelle de citron**
стакан чая с лимоном
*stakan tchiaia s limonam*

**la même chose pour moi**
для меня то же самое
*dlia minia to jé samaié*

**et un verre d'eau, s'il vous plaît**
и, пожалуйста, стакан воды
*i, pajalousta, stakan vady*

**une autre pression, s'il vous plaît**
ещё одно пиво в разлив, пожалуйста
*ichio adno piva v razlif, pajalousta*

## Comprendre

**(без)алкогольный** *(biéz)alkagol'ny* — (non) alcoolisé

**в зале** *v zalié* — en salle

**у стойки** *ou stoïki* — au comptoir

**здесь места для некурящих**
*zdiés' miésta dlia niékouriachih*
c'est un espace non-fumeurs, ici

**что вы возьмёте?**
*chto vy vaz'miotié ?*
qu'est-ce que vous prenez ?

**Quelques expressions familières**

**выпить стаканчик** boire un coup
**набраться/надраться** être bourré
**быть с перепоя/с похмелья** avoir la gueule de bois

# L'ADDITION

## S'exprimer

**l'addition, s'il vous plaît**
принесите, пожалуйста, счёт
*priniésitié pajalousta chiot*

**est-ce qu'on peut payer par carte de crédit ?**
можно заплатить кредитной карточкой?
*mojna zaplatit' kriéditnaï kartatch'kaï ?*

**je crois qu'il y a une erreur dans l'addition**
мне кажется, что в счёте ошибка
*mnié kajétsa chto f chiotié achypka*

**je vous dois combien ?**
сколько я вам должен (m)/должна (f)?
*skol'ka ia vam doljén/daljna ?*

**le service est-il compris ?**
обслуживание включено?
*apsloujyvaniié fklioutchino ?*

## Comprendre

**вы платите за всё вместе?**
*vy platitié za fsio vmiéstié ?*
vous réglez tout ensemble ?

# LA CUISINE

Le déjeuner, (**обед** *abiét*), se prend entre 12h et 15h et le dîner, (**ужин** *oujyn*), entre 19h et 22h. Le petit déjeuner, (**завтрак** *zaftrak*), est souvent copieux (saucisses, céréales, œufs etc.) et le déjeuner léger (sandwiches et tasse de thé). Le dîner est le repas principal de la journée et l'occasion pour la famille de se retrouver. Il est composé d'une entrée (**закуска** *zakouska*) froide ou chaude, d'un plat principal (**второе блюдо** *ftaroié bliouda*) suivi du dessert (**третье блюдо** *triétié bliouda*). On sert le fromage parfois en entrée, mais jamais avant le dessert. Le thé est souvent servi à la fin au moment du dessert. Dans la cuisine traditionnelle russe, les pommes de terre, le chou et les céréales sont la base de l'alimentation. Mais la cuisine russe offre aussi de très nombreuses variétés de plats.



## Comprendre

| | |
|---|---|
| **в сухарях** *f souhariah* | pané |
| **варёный** *variony* | bouilli |
| **жареный в масле (на сильном огне)** *jariény v maslié (na sil'nam agnié)* | sauté |
| **жареный в масле** *jariény v maslié* | frit |
| **жареный на гриле** *jariény na grilié* | cuit au grill |
| **жареный на костре** *jariény na kastrié* | cuit au feu de bois |
| **жареный на углях/в духовке** *jariény na ougliah/ v douhofkié* | braisé, à l'étuvée |
| **зажаренный (не сильно)** *zajaniény (nié sil'na)* | à point |

**копчёный** *kaptchiony* — fumé
**кусочками** *kousotch'kami* — en morceaux
**ломтиками** *lomtikami* — en tranches
**обжареный до золотистой корочки** *abjariény da zalatistaï koratch'ki* — doré
**острый** *ostry* — épicé
**печёный** *pitchiony* — cuit au four
**плавленный** *plavliény* — fondu
**прохладный** *prahladny* — frais
**пюре** *pioure* — en purée
**с кровью** *s kroviou* — saignant
**сильно зажаренный** *sil'na zajariény* — bien cuit
**сушёный** *souchony* — séché
**фаршированный** *farchirovany* — farci
**холодный** *halodny* — froid

## ◆ закуски entrées

**салаты** *salaty* — salades
**супы** *soupy* — soupes
**оливье** *aliv'ié* — macédoine de légumes avec des pommes de terre, des œufs, de la viande et des oignons
**винегрет** *viniégriét* — salade composée de pommes de terre, de betteraves, de carottes, d'oignons, d'œufs, de cornichons salés, le tout assaisonné de mayonnaise
**икра** *ikra* — caviar, souvent servi avec des blinis
**грибы в сметане** *griby v smiétanié* — champignons à la crème
**борщ** *borch'* — soupe à base de betteraves, de carottes, de choux, de pommes de terre, de tomates et d'oignons, avec des morceaux de bœuf, souvent servie avec de la crème fraîche
**щи** *chi* — soupe à base de choux, viande de bœuf et champignons, servie avec de la crème fraîche
**бульон** *boul'ion* — bouillon de poulet ou de bœuf, souvent servi avec des *pirachki (voir ci-dessous)*

**уха** *ouha* — soupe de poisson avec des pommes de terre

**солянка** *salianka* — soupe à base de tomates avec des morceaux de viande, des saucisses et des rognons ou du poisson, le tout mélangé avec des cornichons salés

**пирожки** *pirachki* — petits pâtés à la viande, aux choux, aux champignons, etc.

## ◆ вторые блюда plats principaux

**пельмени** *piél'miéni* — sorte de raviolis fourrés à la viande (spécialité de Sibérie)

**шашлык** *chachlyk* — brochettes de mouton ou de porc aux oignons, grillées au feu avec une sauce épicée (spécialité du Caucase)

**котлеты** *kotliéty* — boulettes de viande cuites à la poêle

**котлеты по-киевски** *katliéty pa kiiéfski* — blanc de poulet pané servi dans une sauce au beurre

**плов** *plof* — pilaf, plat de riz préparé avec de la viande d'agneau, du bœuf ou du porc et des fruits secs (spécialité d'Asie centrale)

**блины** *bliny* — blinis

**вареники** *variéniki* — raviolis à la viande, aux choux, au fromage blanc et aux cerises

**сырники** *syrniki* — boulettes préparées avec du fromage blanc que l'on fait cuire à la poêle, servies avec du beurre et de la crème fraîche

## ◆ сладкие блюда desserts

**мороженое** *marojénaié* — glace

**мороженое ванильное** *marojénaié vanil'naié* — glace à la vanille

**мороженое фруктовое** *marojénaié frouktovaié* — glace aux fruits

**мороженое шоколадное** *marojénaié chakaladnaié* — glace au chocolat

**пирожное** *pirojnaié* — petit gâteau

**наполеон** *napaliéon* — millefeuille

| | |
|---|---|
| **шоколадный эклер** *chakaladny éklièr* | éclair au chocolat |
| **сладкий пирог** *slatki pirok* | tarte aux fruits ou à la confiture |
| **пряники** *prianiki* | pains d'épice recouverts de sucre ou parfois de confiture |
| **ватрушка** *vatrouchka* | tarte au fromage blanc sucré |

### ◆ напитки boissons

La marque d'eau minérale la plus répandue est la **Святой источник** *(sviatoï istotch'nik)*. Vous pouvez trouver dans les magasins et au marché, mais aussi dans les pharmacies, de l'eau minérale gazeuse très salée comme la **Боржоми** *barjomi*, la **Нарзан** *narzan* ou la **Ессентуки** *iésiéntouki*.

On boit beaucoup de thé en Russie, à la fin de tous les repas et pendant la journée : goûtez les variétés **Краснодарский** *krasnodarski* et **Грузинский** *grouzinski* (thé géorgien).

Les principales marques de bière russe sont **Жигулёвское** *jigouliofskaié*, **Балтийское** *baltiïskaié*, **Старый мельник** *stary miél'nik*, **Клинское** *klinskoié*.

Très apprécié, le kvas est une boisson non alcoolisée, légèrement sucrée et acidulée à base d'eau, de pain de seigle (noir) et de malt.

Mieux vaut acheter la vodka dans un magasin qu'au marché. Quelques grands noms : **Московская** *moskofskaia*, **Столичная** *stolitch'naïa*, **Зубровка** *zoubrofka*, **Перцовка** *piértsofka*, **Лимонная** *limonaïa*, **Кристалл** *kristal*, **Юрий Долгорукий** *iouri dalgarouki* (vodka de très bonne qualité, dans une bouteille joliment décorée).

Les cognacs les plus appréciés sont le cognac arménien et le cognac moldave **Белый аист** *biély aist*.

# GLOSSAIRE DE L'ALIMENTATION

**абрикос** abricot
**авокадо** avocat
**азу** émincé de viande en sauce
**ананас** ananas
**антрекот** entrecôte
**апельсин** orange
**апельсиновый сок** jus d'orange
**арбуз** pastèque
**баклажан** aubergine
**банан** banane
**баранина** viande de mouton
**баранина на вертеле** mouton rôti à la broche
**батон** pain long
**белок** blanc d'œuf
**белый хлеб** pain blanc
**беф-строганов** bœuf Stroganof (petits morceaux de bœuf avec une sauce à base de crème fraîche, champignons, oignons)
**бифштекс** bifteck
**бифштекс натуральный** steak nature rôti ou grillé
**бифштекс с луком** steak avec de l'oignon
**блинчики с вареньем** crêpes à la confiture
**бородинский хлеб** pain de seigle noir aux épices
**бульон с клёцками** bouillon avec des petits morceaux de pâte
**бульон с фрикадельками** bouillon avec des boulettes de viande
**бутерброд** sandwich
**ваниль** vanille
**варенье** confiture
**ветчина** jambon
**ветчина с гарниром** jambon servi avec des légumes
**виноград** raisin
**виски** whisky
**второе блюдо** plat principal
**гамбургер** hamburger
**говядина** viande de bœuf
**голубцы** chou farci à la viande
**горох** petits pois
**горчица** moutarde
**грейпфрут** pamplemousse
**грецкий орех** noix
**гречневая каша** grains de sarrasin
**грибы** champignons
**гуляш** goulache de bœuf (morceaux de bœuf avec une sauce à base de crème fraîche)
**гусь жареный** oie rôtie
**дары моря** fruits de mer
**домашняя птица** volaille
**дыня** melon
**жареное филе рыбы** filet frit de poisson
**жареные кабачки** courgettes frites
**жареный картофель** frites
**желе** gelée *(dessert)*
**желток** jaune d'œuf
**закуска** hors d'œuvre
**заливная рыба** poisson en gelée
**замороженные продукты** surgelés
**запеканка картофельная** hachis Parmentier
**запеканка макаронная с мясом** gratin de pâtes farci à la viande hachée

**заяц** lièvre
**зелёная фасоль** haricots verts
**зелёный горошек** petits pois
**зелёный лимон** citron vert
**зразы рубленые** boulettes de viande à l'oignon et à l'œuf dur
**изюм** raisins secs
**икра зернистая** caviar noir
**икра из баклажан** purée d'aubergines
**икра кабачковая** purée de courgettes
**икра кетовая** caviar rouge
**икра паюсная** caviar noir pressé
**индейка** dinde
**йогурт** yaourt
**кабачки с мясом** courgettes farcies à la viande
**камбала** carrelet
**капуста цветная жареная с сухарями** chou-fleur cuit et servi avec sauce au beurre et à la chapelure
**капуста** chou
**карп жареный** carpe frite
**картофель** pommes de terre
**картофель фри** frites
**кекс** cake
**кета** saumon de Sibérie
**кисель** boisson au jus d'airelles ou de cassis
**кислая капуста** choucroute
**клубника** fraise(s)
**колбаса** saucisson
**колбасные изделия** charcuterie
**компот** fruits aux sirop
**краб** crabe
**креветка** crevette
**кролик** lapin
**кукуруза** maïs
**кукурузные хлопья** corn flakes
**лаваш** pain blanc rond et plat (de Géorgie)
**лангуст** langouste
**лапша молочная** nouilles aux lait chaud
**ликёр** liqueur
**лимон** citron
**лимонад** limonade
**лук** oignon
**майонез** mayonnaise
**макароны** pâtes
**малина** framboise(s)
**мандарины** mandarines
**маргарин** margarine
**масло** beurre
**мёд** miel
**мидии** moules
**миндаль** amandes
**мозги жареные** cervelle frite
**молоко** lait
**морковь** carotte(s)
**мороженое** glace
**мороженое пломбир** glace au lait
**мука** farine
**мясо** viande
**настой из трав** tisane
**овощи** légumes
**овощной суп** soupe de légumes
**огурец** concombre
**окрошка** soupe froide au kvas avec des morceaux de viande, des œufs, des cornichons, des pommes de terre, des carottes et des queues d'oignons, servie avec de la crème fraîche
**оладьи с яблоками** beignets de pommes

**оливки** olives
**омар** homard
**омлет** omelette
**орех** noix
**осетрина заливная** esturgeon en gelée
**отбивная** côtelette/poulet en bouillon
**баранья отбивная** côtelette de mouton
**отварное мясо** viande bouillie
**паштет** pâté
**перец** poivron, poivre
**персик** pêche
**песочное пирожное** sablé
**печёнка** foie
**печенье** gâteau(x) sec(s)
**пиво** bière
**пиво в разлив** bière pression
**пирог** tarte
**пирог с яблоками** tarte aux pommes
**пирожки с капустой** petit pâté au chou
**пирожки с мясом** petit pâté à la viande
**пирожное** gâteau
**пицца** pizza
**пиццерия** pizzeria
**помидор** tomate
**пончики** beignets
**почки** rognons
**рагу** ragoût
**рак** écrevisse
**ракообразные** crustacés
**ракушка** coquillage
**рассольник** soupe avec des cornichons salés et des rognons
**растворимый кофе** café soluble
**растительное масло** huile
**рис** riz
**рубленое мясо** viande hachée
**рыба** poisson
**салат** salade
**салат из огурцов** salade de concombres
**салат из помидоров** salade de tomates
**сардина** sardine
**сахар** sucre
**сахарный песок** sucre en poudre
**свекольник** soupe froide avec des betteraves, des pommes de terre et cornichons frais
**свинина** viande de porc
**свиные отбивные** côtelettes de porc
**селёдка малосольная** hareng(s) légèrement salé(s)
**сёмга** saumon fumé
**сидр** cidre
**скумбрия запечённая** maquereau cuit
**сладкий** sucré
**слива** prune
**сливки** crème
**сметана** crème fraîche
**сок** jus
**солёные огурцы** cornichons salés
**солёный** salé
**сосиска** saucisse
**соус** sauce
**спиртной** alcoolisé
**судак по-польски** sandre servi avec une sauce au beurre fondu et à l'œuf dur
**суп** soupe

**суп гороховый с ветчиной** soupe aux pois et au jambon
**суп грибной** soupe aux champignons
**суп картофельный** soupe de pommes de terre
**сыр** fromage
**творог** fromage blanc
**телятина** viande de veau
**тесто** pâte
**тесто песочное/слоёное** pâte sablée/feuilletée
**тефтели в томате** petites boulettes de viande avec sauce tomate
**треска жареная** cabillaud frit
**тресковая печень в масле** foie de morue à l'huile
**тушёное мясо в горшочке** viande en ragoût cuite au four dans un petit pot d'argile
**уксус** vinaigre
**устрица** huitre
**утка** canard
**уха** soupe de poisson
**фаршированные помидоры** tomates farcies
**фасоль** haricots
**форель** truite
**фруктовый сок** jus de fruit
**фруктовый суп с рисом** soupe aux fruits secs et au riz
**харчо** soupe de mouton épaisse et épicée (spécialité de Géorgie)
**хлопья** flocons, céréales
**цветная капуста** chou-fleur
**цыплёнок табака** poulet caucasien rôti dans une sauce à l'ail
**чай** thé
**чёрный хлеб** pain noir au seigle
**чеснок** ail
**чеснок маринованный** ail mariné *(entrée)*
**чипсы** chips
**шашлык** brochette de mouton ou de porc
**шоколад** chocolat
**шпинат** épinards
**шпроты** sprats à l'huile
**щи зелёные** soupe à l'oseille
**щи из свежей капусты** soupe aux choux
**яблоко** pomme
**ягнёнок** agneau
**язык отварной** langue de bœuf bouillie
**яичница** omelette
**яичница глазунья** œufs sur le plat
**яйцо** œuf
**яйцо вкрутую** œuf dur
**яйцо всмятку** œuf à la coque
**яйцо под майонезом** œufs mayonnaise

# SORTIR

Pour vous renseigner sur la vie culturelle moscovite, vous pourrez consulter le **Moscow Times** (quotidien gratuit), ou le **Moscow Magazine** (revue bi-mensuelle), tous deux en anglais. Leur équivalent pétersbourgeois est le **Neva News**.

Les Russes ont toujours été de grands amateurs de théâtre, concerts et ballets. Bien que les prix soient devenus souvent inaccessibles au Russe moyen, les gens continuent à les fréquenter. Moscou et Saint-Pétersbourg sont des lieux rêvés pour les passionnés d'art, de musique ou de danse. À Moscou, vous avez le choix, par exemple, entre le Bolchoï, le Théâtre Stanislavsky ou le Palais des Congrès du Kremlin. À Saint-Pétersbourg, vous pourrez aller au Théâtre Mariinski, au Théâtre Maly, sur la place des Arts, ou à la Grande Philharmonie pour y écouter un concert. Attention, les prix sont souvent multipliés par 2 ou 3 pour les étrangers.

Il existe de nombreuses salles de cinéma mais, faute de moyens de la part des studios russes, très peu de productions nationales sont à l'affiche.

Vous trouverez des discothèques dans certains hôtels. De nombreux restaurants proposent aussi des dîners dansants. Quant aux pubs ou aux clubs de jazz, ils attirent une population jeune et assez aisée.

Les Russes se reçoivent beaucoup entre eux et si vous êtes invité chez quelqu'un vous pourrez vous rendre pleinement compte de l'hospitalité russe. N'arrivez pas les mains vides : si vous n'avez pas de petits cadeaux de votre pays, apportez quelque chose à boire ou à manger.

## Pour commencer

| | |
|---|---|
| **bar** | бар *bar* |
| **boîte de nuit** | дискотека *diskatiéka* |

| | |
|---|---|
| **cinéma** | кино *kino* |
| **cirque** | цирк *tsyrk* |
| **concert de rock/ jazz/pop** | концерт рок-музыки/джаза/поп-музыки *kantsért rok-mouzyki/djaza/pop-mouzyki* |
| **danse classique/ contemporaine** | классические/современные танцы *klasitchiskiié/savrimiényié tantsy* |
| **festival** | фестиваль *fiéstival'* |
| **fête** | праздник *praznik* |
| **film** | фильм *fil'm* |
| **folklorique** | фольклорный *fal'klorny* |
| **groupe (de musique)** | (музыкальная) группа *(mouzykal'naia) groupa* |
| **musique classique/ traditionnelle** | классическая/традиционная музыка *klasitchiskaia/traditsyonaia mouzyka* |
| **publicités** | реклама *riklama* |
| **réserver (par téléphone)** | бронировать/забронировать (по телефону) *braniravat'/zabraniravat' (pa tilifonou)* |
| **soirée** | вечеринка *viétchirinka* |
| **spectacle** | спектакль *spiektakl'* |
| **théâtre** | театр *tiatr* |
| **ticket** | билет *biliét* |
| **VO sous titrée** | недублированный с субтитрами *niédoubliravany s souptitrami* |

SORTIR

# PROPOSER, INVITER

## S'exprimer

**où est-ce qu'on peut aller ?**
куда можно пойти?
*kouda mojna païti ?*

**on va prendre un verre ?**
пойдём выпьем что-нибудь?
*païdiom vyp'iém chto nibout' ?*

**qu'est-ce que tu veux faire ?**
что ты хочешь делать?
*chto ty hotchich diélat' ?*

**qu'est-ce que tu fais ce soir ?**
что ты делаешь сегодня вечером?
*chto ty diélaiéch sivodnia viétchiram ?*

**vous avez quelque chose de prévu ?**
у вас есть какие-нибудь планы ?
*ou vas iést' kakiié nibout' plany ?*

**ça te dit de ... ?**
ты хочешь ...?
*ty hotchich ... ?*

**on pensait aller à ...**
мы хотели пойти в/на ...?
*my hatiéli païti v/na ... ?*

**aujourd'hui je ne peux pas mais un autre jour si tu veux**
сегодня я не могу, но можно в другой день, если ты хочешь
*sivodnia ia nié magou, no mojna v drougoï dién' iésli ty hotchich*

**je ne suis pas sûr de pouvoir**
я не уверен, что смогу
*ia nié ouviérién chto smagou*

**avec plaisir**
с удовольствием
*s oudavol'stviiém*

# SE RETROUVER

## S'exprimer

**ce serait pas possible de se retrouver un peu plus tard ?**
можно встретиться попозже?
*mojna fstriétitsa papozjé ?*

**je dois rejoindre ... à 9h**
мне надо встретиться с ... в девять часов
*mnié nada fstriétitsa s ... v diévit' tchisof*

**on se retrouve à quelle heure ?**
в котором часу мы встречаемся?
*f katoram tchisou my fstritchiaiémsia ?*

**on se retrouve où ?**
где мы встречаемся?
*gdié my fstritchiaiémsia ?*

**tu auras mangé avant ?**
ты будешь сытым?
*ty boudiéch sytym ?*

**je ne sais pas où c'est mais je trouverai sur la carte**
я не знаю, где это, но я найду на карте
*ia nié znaiou gdié éta, no ia naïdou na kartié*

**à demain soir**
встретимся завтра вечером
*fstriétimsia zaftra viétchiram*

**désolé d'être en retard**
извините, что я опоздал
*izvinitié chto ia apazdal*

**je vous rejoindrai plus tard, il faut que je passe à l'hôtel d'abord**
я встречусь с вами позже, сначала мне нужно зайти в гостиницу
*ia fstriétchious' s vami pozjé, snatchiala mnié noujna zaïti v gastinitsou*

## Comprendre

**мы встречаемся перед ...**
*my fstriétchiaiémsia piériét ...*
on se retrouve devant ...

**мы встречаемся прямо там**
*my fstriétchiaiémsia priama tam*
on se rejoint directement là-bas

**тебя это устраивает?**
*tibia éta oustraivaiét ?*
est-ce que ça te va ?

**я тебе дам свой номер телефона, ты можешь позвонить мне завтра**
*ia tibié dam svoï nomir tilifona, ty mojéch pazvanit' mnié zaftra*
je vais te donner mon numéro, tu n'as qu'à m'appeler demain

**я зайду за тобой к восьми часам**
*ia zaïdou za taboï k vas'mi tchisam*
je passerai te chercher vers 8h

### Quelques expressions familières

**выпить стаканчик** *vypit' stakantchik* prendre un pot
**заморить червячка** *zamarit' tchirvitch'ka* casser la croûte
**перекусить** *piériékousit'* manger un bout
**промочить горло** *pramatchit' gorla* boire un coup

SORTIR

# CINÉMA, SPECTACLES, CONCERTS

## S'exprimer

**est-ce qu'il y a un guide des spectacles ?**
есть программа спектаклей?
*iést' pragr**a**ma spiékt**a**kliéï ?*

**2 tickets, s'il vous plaît**
два билета, пожалуйста
*dva bili**é**ta, paj**a**lousta*

**je voudrais 3 places pour ...**
мне нужно три билета на ...
*mnié n**ou**jna tri bili**é**ta na ...*

**c'est une actrice connue mais je ne me souviens plus de son nom**
это известная актриса, но я не могу вспомнить её фамилии
***é**ta izvi**é**snaia aktr**i**sa, no ia nié mag**ou** fsp**o**mnit' iéi**o** fam**i**lii*

**il joue dans ce film**
он играет в этом фильме
*on igr**a**iét v **é**tam f**i**l'mié*

**ça s'appelle ...**
это называется ...
***é**ta nazyv**a**iétsa...*

**je l'ai déjà vu en France, c'est pas mal**
я уже видел его во Франции, это неплохо
*ia ouj**é** vidi**é**l iév**o** va fr**a**ntsyi, **é**ta niépl**o**ha*

**j'en ai entendu parler, il paraît que c'est ...**
я слышал о нём, кажется, что это ...
*ia sl**y**chal a niom, k**a**jétsa chto **é**ta ...*

**j'ai vu la bande-annonce, ça a l'air ...**
я видел рекламу фильма, кажется, что ...
*ia vidi**é**l rikl**a**mou fil'ma, k**a**jétsa chto ...*

**à quelle heure est la séance ? et le film ?**
в котором часу сеанс? а фильм?
*f kat**o**ram tchis**ou** si**a**ns ? a fil'm ?*

**j'aimerais bien aller voir un spectacle**
мне очень хочется сходить на спектакль
*mnié **o**tchin' h**o**tchitsa shadit' na spiékt**a**kl'*

**je vais passer voir s'il reste des places**
я пойду посмотрю, остались ли билеты
*ia païd**ou** pasmatr**iou** ast**a**lis' li bili**é**ty*

**est-ce qu'il faut réserver à l'avance ?**
надо забронировать заранее?
*nada zabraniravat' zaraniéié ?*

**ça se joue jusqu'à quand ?**
он идёт до какого числа?
*on idiot da kakova tchisla ?*

**est-ce qu'il reste des places pour un autre jour ?**
есть билеты на другой день?
*iést' biliéty na drougoï dién' ?*

**j'aimerais bien aller à un concert dans un café ou quelque chose comme ça**
мне хочется сходить на концерт в кафе или что-то в этом роде
*mnié hotchitsa shadit' na kantsért f kafé ili chto ta v étam rodié*

**est-ce qu'il y a des concerts gratuits ?**
есть бесплатные концерты?
*iést' biésplatnyié kantsérty ?*

**c'est quel genre de musique ?**
это какая музыка?
*éta kakaia mouzyka ?*

**je n'aime pas beaucoup ce type de musique**
мне не очень нравится такая музыка
*mnié nié otchin' nravitsa takaia mouzyka*

## Comprendre

**билетная касса** *biliétnaia kasa* billetterie
**выход на экран ...** sortie le …
**ещё!** *ichio !* une autre ! *(chanson)*
**крупная киностудия** *kroupnaia kinastoudiia* grosse production
**плохое место** *plahoié miésta* place sans visibilité
**предварительный заказ** *priédvaritiél'ny zakas* réservations
**утренний спектакль** *outriéni spiéktakl'* matinée *(au théâtre)*

**художественное и экспериментальное кино**
*houdojéstviénaié i ékspiérimiéntalnaié kino*
cinéma d'art et d'essai

**билеты продаются у входа за полчаса до начала спектакля**
*biliéty pradaioutsa ou fhoda za poltchisa da natchiala spiéktaklia*
les places sont vendues à l'entrée, une demi-heure avant le spectacle

**больше нет билетов на этот сеанс**
*bol'ché niét biliétaf na état sians*
il n'y a plus de places pour cette séance

**все билеты проданы до ...**
*fsié biliéty prodany da …*
c'est complet jusqu'au …

**выключите, пожалуйста, мобильные телефоны**
prière d'éteindre votre portable

**в церкви идёт концерт классической музыки**
*f tsérkvi idiot kantsért klasitchiskaï mouzyki*
il y a un concert de musique classique dans l'église

**есть очень хорошие отзывы**
*iést' otchin' harochyié otzyvy*
il y a de très bonnes critiques

**желательно прийти за четверть часа до начала**
*jélatiél'na priïti za tchiétviért' tchiasa da natchiala*
il est conseillé de venir un quart d'heure avant

**не стоит бронировать билеты заранее**
*nié stoit braniravat' biliéty zaraniéié*
ce n'est pas la peine de réserver à l'avance

**он выходит на следующей неделе**
*on vyhodit na sliédouchiéï niédiélié*
ça sort la semaine prochaine

**он идёт в восемь часов в Одеоне**
*on idiot v vosiém' tchisof v adéonié*
ça se joue à 8h à l'Odéon

**пьеса идёт полтора часа с антрактом**
*p'iésa idiot paltara tchisa s antraktam*
la pièce dure une heure et demie avec entracte

**этот концерт проходит наруже**
*état kantsért prahodit naroujé*
c'est un concert en plein air

## FÊTES, SOIRÉES, DISCOTHÈQUES

### S'exprimer

**j'organise une petite soirée pour mon départ**
я устраиваю вечеринку по случаю моего отъезда
*ia oustraivaiou viétchirinkou pa sloutchiiou maiévo at-iézda*

**il y a un bal pour la fête du village ce soir**
сегодня вечером будут танцы по случаю деревенского праздника
*sivodnia viétchiram boudout tantsy pa sloutchiiou diériéviénskava praznika*

**est-ce qu'il faut apporter quelque chose à boire ?**
надо принести что-нибудь выпить?
*nada priniésti chto nibout' vypit' ?*

**on pourrait aller en boîte après**
пойдём потом на дискотеку
*païdiom patom na diskatiékou*

**je dois retrouver quelqu'un à l'intérieur**
мне надо встретиться с кем-то внутри
*mnié nada fstriétitsa s kiém ta vnoutri*

**vous me laisserez entrer quand je reviendrai ?**
вы меня пропустите, когда я вернусь?
*vy minia prapoustitié kagda ia viérnous' ?*

**tu viens souvent ici ?**
ты часто сюда приходишь?
*ty tchiasta siouda prihodich ?*

**l'entrée est payante ?**
вход платный?
*fhot platny ?*

**merci, mais je suis avec mon copain**
спасибо, но я с другом
*spasiba, no ia s drougam*

SORTIR

**je danse comme un pied**
я танцую очень плохо
*ia tantsouiou otchin' ploha*

**non merci, je ne fume pas**
нет, спасибо, я не курю
*niét spasiba, ia nié kouriou*

**comment ça se danse ?**
как это танцуют ?
*kak éta tantsouiout ?*

## Comprendre

**гардероб** *gardiérop* — vestiaire
**бесплатный напиток** *biésplatny napitak* — conso gratuite
**наруже** *naroujé* — en plein air
**парад** *parat* — défilé
**сельский праздник** *siélski praznik* — fête foraine
**ход** *hot* — procession

**есть вечеринка у ...**
*iést' viétchirinka ou …*
il y a une soirée chez …

**встретимся ещё?**
*fstriétimsia iéchio ?*
on peut se revoir ?

**есть зал музыки диско и латиноамериканской**
*iést' zal mouzyki diska i latinaamiérikanskaï*
il y a une salle disco et une autre latino

**можно вас проводить?**
*mojna vas pravadit' ?*
je peux vous raccompagner ?

**потанцуем?**
*patantsouiém ?*
tu veux danser ?

**сигареты не найдётся?**
*sigariéty nié naïdiotsa ?*
est-ce que tu aurais une cigarette ?

**ты очень красивая**
*ty otchin' krasivaia*
tu es très belle

**у тебя есть прикурить?**
*ou tibia iést' prikourit' ?*
est-ce que tu aurais du feu ?

**я тебя угощу стаканчиком?**
*ia tibia ougachiou stakantchikam ?*
je t'offre quelque chose à boire ?

# VISITES TOURISTIQUES

Il n'y a pas encore beaucoup d'offices du tourisme en Russie mais les hôtels sont toujours bien équipés en matière de plans, cartes et brochures, qu'ils vous donnent gratuitement. N'hésitez pas à leur demander tous les renseignements.

Les musées sont ouverts généralement de 10h à 18h et sont fermés le lundi ou le mardi et souvent le dernier mercredi, jeudi ou vendredi du mois.

## Pour commencer

| | |
|---|---|
| **ancien** | древний *driévni* |
| **antique** | античный *antitch'ny* |
| **art contemporain** | современное искусство *savriémiénaié iskoustva* |
| **cathédrale** | собор *sabor* |
| **centre-ville** | центр города *tséntr gorada* |
| **château** | замок *zamak* |
| **église** | церковь *tsérkaf'* |
| **exposition** | выставка *vystafka* |
| **galerie** | галерея *galiriéia* |
| **guide** *(personne)* | гид *git* |
| **musée** | музей *mouziéï* |
| **office du tourisme** | турфирма *tourfirma* |
| **parc** | парк *park* |
| **peinture** | живопись *jyvapis'* |
| **quartier** | квартал *kvartal* |
| **ruines** | руины *rouiny* |
| **siècle** | век *viék* |
| **tableau** | картина *kartina* |
| **touristique** | туристический *touristitchiski* |

## S'exprimer

**je voudrais avoir des renseignements sur …**
мне нужны сведения о …
*mnié noujny sviédiéniia a …*

**où est-ce que je peux trouver des informations sur … ?**
где я могу найти информацию о …?
*gdié ia magou naïti infarmatsyiou a … ?*

**est-ce que vous auriez un plan de la ville ?**
у вас есть план города?
*ou vas iést' plan gorada ?*

**vous pouvez me montrer où c'est sur le plan ?**
вы можете мне показать на плане, где это?
*vy mojétié mnié pakazat' na planié, gdié éta ?*

**comment on y va ?**
как туда пройти?
*kak touda praïti ?*

**c'est gratuit ?**
это бесплатно?
*éta biésplatna ?*

**quand est-ce que ça a été construit ?**
когда это было построено?
*kagda éta byla pastroiéna ?*

## Comprendre

**византийский** *vizantiïski* — byzantin
**война** *vaïna* — guerre
**вход бесплатный** — entrée libre
**вы находитесь здесь** — vous êtes ici *(sur un plan)*
**готический** *gatitchiski* — gothique
**закрыто** *zakryta* — fermé
**икона** *ikona* — icône
**колокольня** *kalakol'nia* — clocher
**купол** *koupal* — bulbe
**монастырь** *manastyr'* — monastère
**нашествие** *nachéstviié* — invasion
**открыто** *atkryta* — ouvert
**ремонт** *riémont* — travaux de rénovation
**романский** *ramanski* — roman
**средневековый** *sriédniéviékovy* — médiéval
**старый город** *stary gorat* — vieille ville

**экскурсия** *ékskoursiia* — visite guidée

**вам надо узнать на месте**
*vam nada ouznat' na miéstié*
il faut vous renseigner sur place

**несколько домов относятся к эпохе Средневековья**
*niéskal'ka damof atnosiatsa k épohié sriédniéviékovia*
plusieurs maisons remontent au Moyen-Âge

# MUSÉES, EXPOSITIONS ET MONUMENTS

## S'exprimer

**il paraît qu'il y a une très bonne expo sur ... en ce moment**
кажется, что сейчас есть очень хорошая выставка о ...
*kajétsa chto sitchias iést' otchin' harochaia vystafka a ...*

**combien coûte l'entrée ?**
сколько стоит вход?
*skol'ka stoit fhot ?*

**combien dure la visite ?**
сколько длится экскурсия?
*skol'ka dlitsa ékskoursiia ?*

**le ticket est valable aussi pour l'exposition ?**
билет годится также для выставки?
*biliét gaditsa takjé dlia vystafki ?*

**est-ce qu'il y a des réductions pour les jeunes ?**
есть скидки для молодых?
*iést' skitki dlia maladyh ?*

**est-ce que c'est ouvert le dimanche ?**
в воскресенье открыто?
*v vaskrisiénié atkryta ?*

**2 tarifs réduits et un plein tarif**
два билета со скидкой и один полный тариф
*dva biliéta sa skitkaï i adin polny tarif*

**j'ai cette carte de mon université**
у меня есть студенческий билет моего университета
*ou minia iést' stoudiéntchiski biliét maiévo ouniviérsitiéta*

**à quelle heure est la prochaine visite guidée ?**
когда следующая экскурсия?
*kagda sliédouchiaia ékskoursiia ?*

## Comprendre

**билетная касса** *biliétnaia kasa* billetterie

**временная/ постоянная выставка** *vriémiénaia/ pastaianaia vystafka* exposition temporaire/permanente

**вспышка запрещена** flash interdit

**направление осмотра** sens de la visite

**тишина, пожалуйста** *tichyna pajalousta* silence, s'il vous plaît

**фотографировать запрещено** photos interdites

**вход в музей стоит ...**
*fhot v mouziéï stoit ...*
l'entrée du musée coûte ...

**осмотр с франкоговорящим гидом начинается через пять минут**
*asmotr s frankagavariachim gidam natchinaiétsa tchiériés piat' minout*
il y a une visite guidée en français qui commence dans 5 minutes

**с этим билетом вы можете тоже пройти на выставку**
*s étim biliétam vy mojétié toje praïti na vystafkou*
avec ce ticket, vous avez aussi accès à l'exposition

**у вас есть студенческий билет?**
*ou vas iést' stoudiéntchiski biliét ?*
vous avez votre carte d'étudiant ?

# IMPRESSIONS

## S'exprimer

**c'est magnifique**
это великолепно
*éta viélikaliépna*

**ça ne m'a pas tellement plu**
это мне не так уж понравилось
*éta mnié nié tak ouch panravilas'*

**je ne suis pas fana d'art contemporain**
я не поклонник современного искусства
*ia nié paklonik savriémiénava iskoustva*

**c'est cher pour ce que c'est**
это слишком дорого для этого
*éta slichkam doraga dlia étava*

**il y avait énormément de monde**
было огромное количество народа
*byla agromnaié kalitchistva naroda*

**on n'a pas eu le temps de tout voir**
мы не успели всё осмотреть
*my nié ouspiéli fsio asmatriét'*

## Comprendre

**знаменитый** *znamiénity* célèbre
**живописный** *jyvapisny* pittoresque
**типичный** *tipitch'ny* typique

**надо, чтобы вы обязательно посетили ...**
*nada chtoby vy abiazatiélna pasiétili...*
il faut absolument que vous alliez voir ...

**я вам советую сходить в ...**
*ia vam saviétouiou shadit' v ...*
je vous recommande d'aller à ...

**это стало очень туристическим местом**
*éta stala otchin' touristitchiskim miéstam*
c'est devenu très touristique

# SPORTS ET JEUX

ⓘ

Tous les sports de glace sont à l'honneur en Russie : ski de fond, hockey, patinage, etc. Comme en Europe, le football est très apprécié. Moscou compte deux excellentes équipes de football, Dynamo et Spartak, Saint-Pétersbourg étant représentée par l'équipe Zénith.

Pour rester en bonne santé certains Russes aiment plonger dans l'eau après avoir fait un trou dans la glace. Ces baigneurs courageux sont appelés *marjy* (morses), et sont assez nombreux en Sibérie. Sans aller jusque là, vous pouvez goûter les plaisirs des bains russes (*bania*), également très appréciés. Après un bain de vapeur, l'usage veut qu'on se rafraîchisse en allant se rouler dans la neige.

Les jeux de table, les cartes, les dominos, les dames et surtout les échecs (*chahmaty*) sont toujours aussi populaires parmi les jeunes et les moins jeunes.

## Pour commencer

| | |
|---|---|
| **balle** | мячик *miatchik* |
| **ballon** | мяч *miatch'* |
| **cartes** | карты *karty* |
| **échecs** | шахматы *chahmaty* |
| **excursion** | экскурсия *ékskoursiia* |
| **faire de la randonnée** | ходить в походы *hadit' v pahody* |
| **faire une partie de …** | играть/сыграть партию в … *igrat'/sygrat' partiiou v …* |
| **football** | футбол *foutbol* |
| **jeu de société** | настольная игра *nastol'naia igra* |
| **jouer à …** | играть в … *igrat' v …* |
| **jouer au football** | играть в футбол *igrat' f foutbol* |
| **match** | матч *match'* |
| **piscine** | бассейн *basiéïn* |
| **sentier de randonnée** | прогулочный маршрут *pragoulatch'ny marchrout* |

| | |
|---|---|
| **ski alpin** | горные лыжи *gornyié lyjy* |
| **ski de fond** | лыжи *lyjy* |
| **skier** | кататься на лыжах *katatsa na lyjah* |
| **sport** | спорт *sport* |
| **tennis** | теннис *ténis* |
| **vélo** | велосипед *viélasipiét* |
| **VTT** | велосипед-вездеход *viélasipiét-viézdiéhot* |

## S'exprimer

**je voudrais en louer pour une heure**
я хочу взять напрокат на час
*ia hatchiou vziat' naprakat na tchias*

**est-ce qu'on peut prendre des cours de … ?**
можно брать уроки …?
*mojna brat' ouroki … ?*

**combien ça coûte par heure et par personne ?**
сколько это стоит в час на человека?
*skol'ka éta stoit f tchias na tchilaviéka ?*

**j'en ai fait une ou deux fois, il y a longtemps**
я попробовал (*m*)/попробовала (*f*) один-два раза уже давно
*ia paprobaval/paprobavala adin dva raza oujé davno*

**on s'arrête pour pique-niquer ?**
давайте остановимся и устроим пикник
*davaïtié astanovimsia i oustroim piknik*

**on a joué à/au …**
мы играли в …
*my igrali v …*

## Comprendre

**прокат …** location de …

**вы немного умеете или вы никогда не занимались?**
*vy niémnoga oumiéiétié ili vy nikagda nié zanimalis' ?*
est-ce que vous avez des notions ou vous êtes complètement débutant ?

**надо внести задаток в ...**
*nada vniésti zadatak v ...*
il faut verser un acompte de ...

**страховка обязательна и стоит ...**
*strahofka abiazatiél'na i stoit ...*
l'assurance coûte ... et est obligatoire

# RANDONNÉE

## S'exprimer

**est-ce qu'il y a des sentiers de randonnée ?**
тут есть прогулочные маршруты?
*tout iést' pragoulatch'nyié marchrouty ?*

**qu'est-ce que vous nous conseillez comme marche dans les environs ?**
какие ближние походы вы можете нам посоветовать?
*kakiié blijniié pahody vy mojétié nam pasaviétavat' ?*

**on m'a dit qu'il y a une très belle balade au bord du lac**
мне сказали, что есть очень красивая прогулка на берегу озера
*mnié skazali chto iést' otchin' krasivaia pragoulka na biériégou oziéra*

**on cherche une petite balade à faire dans le coin**
где здесь можно погулять?
*gdié zdiés' mojna pagouliat' ?*

**est-ce qu'il faut avoir des chaussures de randonnée ?**
нужна спортивная обувь?
*noujna spartivnaia obouf' ?*

**c'est une randonnée de combien d'heures ?**
на сколько часов этот поход?
*na skol'ka tchisof état pahot ?*

**est-ce que ça monte beaucoup ?**
здесь большой подъём?
*zdiés' bal'choï pad-iom ?*

**où est-ce que le sentier démarre ?**
где начало маршрута?
*gdié natchiala marchrouta ?*

**est-ce que le chemin est balisé ?**
маршрут размечен?
*marchrout razmiétchin ?*

**est-ce que c'est un chemin circulaire ?**
это кольцевой маршрут?
*éta kal'tsévoï marchrout ?*

### Comprendre

**средняя продолжительность** durée moyenne

**возьмите с собой дождевик и спортивную обувь**
*vaz'mitié s saboï dajdiëvik i spartivnouiou obouf'*
prévoyez un K-Way® et des chaussures de marche

**это длится приблизительно три часа, считая остановки**
*éta dlitsa priblizitiél'na tri tchisa chitaia astanofki*
c'est une marche d'environ 3 heures en comptant les pauses

## SKI

### S'exprimer

**je voudrais louer des skis, des bâtons et des chaussures de ski**
мне надо взять напрокат лыжи, палки и лыжные ботинки
*mnié nada vziat' naprakat lyjy, palki i lyjnyié batinki*

**elles sont trop petites**
они слишком маленькие
*ani slichkam malién'kiié*

**un forfait pour une journée**
абонемент на день
*abanimiént na dién'*

### Comprendre

**абонемент** *abanimiént* — forfait
**подъёмник** *pad-iomnik* — tire-fesses
**подвесная подъёмная дорога** *padviésnaia pad-iomnaia daroga* — télésiège
**подъёмное устройство** *pad-iomnaié oustroïstva* — remontée mécanique

# AUTRES SPORTS

## S'exprimer

**où peut-on louer des vélos ?**
где можно взять напрокат велосипеды?
*gdié m**o**jna vziat' naprak**a**t viélasipi**é**dy ?*

**y a-t-il des pistes cyclables ?**
есть дорожки для велосипедистов?
*iést' dar**o**chki dlia viélasipiéd**i**staf ?*

**est-ce que quelqu'un aurait un ballon de foot ?**
у кого-нибудь есть футбольный мяч?
*ou kav**o** nibout' iést' foutb**o**l'ny miatch' ?*

**y a-t-il une piscine en plein air ?**
есть открытый бассейн?
*iést' atkr**y**ty basi**é**ïn ?*

**je n'ai jamais fait de plongée avant**
я никогда раньше не занимался (*m*)/занималась (*f*) подводным плаванием
*ia nikagd**a** r**a**n'ché nié zanim**a**lsia/zanim**a**las' padv**o**dnym pl**a**vaniiém*

**je voudrais prendre des cours de voile pour débutants**
я хочу брать уроки парусного спорта для начинающих
*ia hatch**iou** brat' our**o**ki p**a**rousnava sp**o**rta dlia natchin**a**iouchih*

**je cours tous les matins une demi-heure**
я бегаю по утрам полчаса
*ia bi**é**gaiou pa outr**a**m poltchis**a***

**qu'est-ce que je fais si le kayak se renverse ?**
что я буду делать, если байдарка перевернётся?
*chto ia b**ou**dou di**é**lat', iésli baïd**a**rka piériéviérn**io**tsa ?*

## Comprendre

**вы садитесь на лошадь в первый раз?**
*vy saditiés' na l**o**chat' f pi**é**rvy ras ?*
c'est la première fois que vous montez à cheval ?

SPORTS ET JEUX

**вы умеете плавать?**
*vy oumiéiétié plavat' ?*
vous savez nager ?

**теннисный корт уже занят**
*ténisny kort oujé zaniat*
le court de tennis est déjà occupé

**ты умеешь играть в баскетбол?**
*ty oumiéiéch igrat' v baskiétbol ?*
est-ce que tu joues au basket ?

# JEUX DE SOCIÉTÉ

## S'exprimer

**on se fait une partie de cartes ?**
сыграем партию в карты?
*sygraiém partiiou f karty ?*

**c'est à ton tour de jouer**
твоя очередь играть
*tvaia otchirit' igrat'*

**tu veux prendre ta revanche ?**
ты хочешь отыграться?
*ty hotchich atygratsa ?*

**on s'arrête ou on joue la belle ?**
прекратим или будем играть пока кто-нибудь не выиграет?
*prikratim ili boudiém igrat' paka kto nibout' nié vyigraiét ?*

## Comprendre

**вы умеете играть в шахматы?**
*vy oumiéiétié igrat' f chahmaty ?*
vous savez jouer aux échecs ?

**у тебя есть карты?**
*ou tibia iést' karty ?*
est-ce que tu as un jeu de cartes ?

# COURSES ET SHOPPING



Les magasins sont ouverts généralement de 8h à 20h ; certains ferment à l'heure des repas de 13h à 14h ou de 14h à 15h. À l'exception des grandes villes, les grandes surfaces sont assez rares en Russie. Deux grandes chaînes sont présentes à Saint-Pétersbourg : **Копеечка** *(kapiéitch'ka)* et **Пятёрочка** *(pitioratch'ka)*. Vous trouverez des petits magasins et des kiosques qui restent ouverts 24h/24 où vous pouvez acheter des boissons, du chocolat et des biscuits. Les cigarettes s'achètent dans les kiosques à tabac (**табачный киоск** *tabatch'ny kiosk*). Il y a de nombreux marchés ouverts tous les jours où l'on trouve aussi bien des vêtements que des produits alimentaires (fruits, légumes etc.). Souvent situés à côté des stations de métro, ils sont moins chers que les magasins. Quelques célèbres grands magasins : le **ГУМ** (*goum*) et le **ЦУМ** (*tsoum*) à Moscou, le **Гостиный Двор** *(gostiny dvor)* et le **Пассаж** *(pasach)* à Saint-Pétersbourg.

Si vous voulez acheter des vêtements pour femmes, sachez qu'un 40 français correspond à un 46 russe ; de même pour les pointures, un 39 français correspond à un 37 russe. Les tailles pour hommes correspondent à peu près aux tailles françaises.

## Pour commencer

| | |
|---|---|
| **acheter** | покупать/купить *pakoupat'/koupit'* |
| **bon marché** | дешёвый *dichiovy* |
| **boulangerie** | булочная *boulatch'naia* |
| **boutique** | магазин *magazin* |
| **cadeau** | подарок *padarak* |
| **caisse** | касса *kasa* |
| **centre commercial** | торговый центр *targovy tséntr* |
| **cher** | дорогой *daragoï* |
| **coûter** | стоить *stoit'* |

| | |
|---|---|
| **grand magasin** | универмаг *ouniviérmak* |
| **kilo** | кило *kilo* |
| **légumes** | овощи *ovachi* |
| **magasin** | магазин *magazin* |
| **marché** | рынок *rynak* |
| **pain** | хлеб *hliép* |
| **payer** | платить/заплатить *platit'/zaplatit'* |
| **prix** | цена *tséna* |
| **rembourser** | возвращать/вернуть деньги *vazvrachiat'/viérnout' dién'gi* |
| **soldes** | распродажа *raspradaja* |
| **souvenir** | сувенир *souviénir* |
| **supermarché** | супермаркет *soupiérmarkiét* |
| **tabac** *(lieu de vente)* | табачный киоск *tabatch'ny kiosk* |
| **ticket de caisse** | товарный чек *tavarny tchiék* |
| **vendeur** | продавец *pradaviéts* |
| **vendre** | продавать/продать *pradavat'/pradat'* |
| **vêtements** | одежда *adiéjda* |

## S'exprimer

**est-ce qu'il y a un supermarché dans le quartier ?**
в районе есть супермаркет?
*f raionié iést' soupiérmarkiét ?*

**où est-ce que je peux acheter des cigarettes ?**
где я могу купить сигареты?
*gdié ia magou koupit' sigariéty ?*

**je voudrais ...**
я хочу ...
*ia hatchiou ...*

**je cherche ...**
я ищу ...
*ia ichiou ...*

**est-ce que vous avez ... ?**
у вас есть ...?
*ou vas iést' ... ?*

**est-ce que vous savez où je peux en trouver (ailleurs) ?**
вы знаете, где я могу найти (в другом месте)?
*vy znaiétié gdié ia magou naïti (v drougom miéstié) ?*

**est-ce que vous pouvez me le commander ?**
вы можете мне это заказать?
*vy m**o**jétié mnié **é**ta zakaz**a**t' ?*

**combien coûte ce … ?**
сколько стоит этот ...?
*sk**o**l'ka st**o**it **é**tat … ?*

**c'est bon, je le prends**
хорошо, я возьму
*harach**o**, ia vaz'm**ou***

**vous ne pouvez pas me faire un petit rabais ?**
вы не можете мне сделать небольшую скидку?
*vy nié m**o**jétié mnié sd**ié**lat' niébal'ch**ou**iou sk**i**tkou ?*

**je n'ai pas beaucoup d'argent**
у меня не много денег
*ou mini**a** nié mn**o**ga d**ié**niék*

**je n'ai pas assez d'argent**
у меня не хватает денег
*ou mini**a** nié hvat**a**iét d**ié**niék*

**ça sera tout, merci**
спасибо, это всё
*spas**i**ba, **é**ta fsio*

**est-ce que je peux avoir un sac (plastique) ?**
у вас есть пакет?
*ou vas iést' pak**ié**t ?*

**vous avez fait une erreur en me rendant la monnaie**
вы ошиблись со сдачей
*vy ach**y**blis' sa sd**a**tchiï*

## Comprendre

**работает с ... до ...** — ouvert de … à …
**распродажа** — promotion
**скидки** — soldes

**закрыт в воскресенье/с тринадцати до пятнадцати**
fermé le dimanche/de 13h à 15h

**вы хотите пакет?**
*vy hat**i**tié pak**ié**t ?*
est-ce que vous voulez un sac ?

**что вы возьмёте ещё?**
*chto vy vaz'm**io**tié ich**io** ?*
et avec ceci ?

# PAYER

## S'exprimer

**où est-ce qu'on paye ?**
где платить?
*gdié platit' ?*

**combien je vous dois ?**
сколько я вам должен?
*skol'ka ia vam doljén ?*

**pourriez-vous me l'écrire, s'il vous plaît ?**
вы могли бы мне это написать?
*vy magli by mnié éta napisat' ?*

**est-ce que je peux payer par Carte Bleue® ?**
я могу заплатить кредитной карточкой?
*ia magou zaplatit' kriéditnaï kartatch'kaï ?*

**est-ce que vous acceptez les cartes de crédit ?**
вы принимаете кредитные карточки?
*vy prinimaiétié kriéditnyié kartatch'ki ?*

**je vais payer en liquide**
я заплачу наличными
*ia zaplatchiou nalitch'nymi*

**je peux avoir un reçu ?**
я могу получить квитанцию?
*ia magou paloutchit' kvitantsyiou ?*

**désolé, je n'ai pas de monnaie**
извините, но у меня нет мелочи
*izvinitié, no ou minia niét miélatchi*

**est-ce que vous pouvez me faire de la monnaie ?**
вы можете разменять?
*vy mojétié razminiat' ?*

## Comprendre

**как вы платите?**
*kak vy platitié ?*
vous réglez comment ?

**платите в кассу**
*platitié f kasou*
payez à la caisse

**распишитесь, пожалуйста, здесь**
*raspichytiés' pajalousta zdiés'*
je vais vous demander de signer là

**у вас совсем нет мелочи?**
*ou vas safsiém niét miélatchi ?*
vous n'avez pas du tout de monnaie ?

**у вас есть удостоверение личности?**
*ou vas iést' oudastaviériéniié litch'nasti ?*
vous avez une pièce d'identité ?

# ALIMENTATION

**Déchiffrer les abréviations**

**кг** = кило kilo
**г** = грамм gramme

## S'exprimer

**où est-ce qu'on peut acheter à manger à cette heure-ci ?**
где можно купить еду в это время?
*gdié mojna koupit' iédou v éta vriémia ?*

**y a-t-il un marché ?**
есть рынок?
*iést' rynak ?*

**y a-t-il une boulangerie dans le coin ?**
поблизости есть булочная?
*pablizasti iést' boulatch'naia*

**je cherche le rayon des conserves**
я ищу отдел консервов
*ia ichiou atdiél kansiérvaf*

**je voudrais 5 tranches de jambon**
я хочу пять кусков ветчины
*ia hatchiou piat' kouskof viétchiny*

**je vais prendre un petit morceau de ce fromage de brebis**
я возьму маленький кусочек этого овечьего сыра
*ia vaz'mou malién'ki kousotchik étava aviétchiva syra*

**non, pas celui-ci, celui-là, plus à droite, oui c'est ça**
нет, не этот, а тот, правее, да, это то, что надо
*niét, nié état, a tot, praviéié, da, éta to chto nada*

**c'est pour 4 personnes**
это на четверых
*éta na tchitviéryh*

**environ 300 grammes**
около трёхсот грамм
*okala triohsot gram*

**un kilo de pommes de terre, s'il vous plaît**
кило картошки, пожалуйста
*kilo kartochki, pajalousta*

**un peu plus**
побольше
*pabol'ché*

**un peu moins**
поменьше
*pamién'ché*

**c'est possible de goûter ?**
можно попробовать?
*mojna paprobavat' ?*

**ça se conserve bien ?**
это хорошо хранится?
*éta haracho hranitsa ?*

**on peut voyager avec ?**
можно взять в дорогу?
*mojna vziat' v darogou ?*

## Comprendre

**блюда традиционной местной кухни** — spécialités de la région
**колбасные изделия** — charcutier
**кулинария** — traiteur
**молочные** — produits laitiers
**срок годности до ...** — à consommer avant le ...

**есть рынок каждый день до тринадцати часов**
*iést' rynak kajdy dién' da trinatsati tchisof*
il y a un marché tous les jours jusqu'à 13h

**угловой продуктовый магазин работает допоздна**
*ouglavoï pradouktovy magazin rabotaiét dapazna*
il y a un épicier juste au coin de la rue qui reste ouvert tard le soir

# HABILLEMENT

## S'exprimer

**je cherche le rayon hommes**
я ищу мужской отдел
*ia ichiou mouchskoï atdiél*

**je peux l'essayer ?**
я могу примерить?
*ia magou primiérit' ?*

**non, merci, je regarde seulement**
нет, спасибо, я только смотрю
*niét, spasiba, ia tol'ka smatriou*

**je chausse du 39**
у меня тридцать девятый размер обуви
*ou minia tritsat' diviaty razmiér obouvi*

**je voudrais essayer celui-là qui est en vitrine**
я хочу примерить то, что на витрине
*ia hatchiou primiérit' to chto na vitrinié*

**où sont les cabines d'essayage ?**
где примерочные?
*gdié primiératch'nyié ?*

**vous ne l'avez pas dans une autre couleur ?**
у вас нет того же другого цвета?
*ou vas niét tavo jé drougova tsviéta ?*

**est-ce que vous l'avez dans une plus petite/grande taille ?**
у вас есть размер меньше/больше?
*ou vas iést' rasmiér mién'ché/bol'ché ?*

**est-ce que vous les avez en rouge ?**
у вас есть такие же красного цвета?
*ou vas iést' takiié jé krasnava tsviéta ?*

**oui, ça va, je les prends**
да, хорошо, я их беру
*da, haracho, ia ih biérou*

**c'est trop large**
это слишком широко
*éta slichkam chyrako*

**non, je n'aime pas**
нет, мне не нравится
*niét, mnié nié nravitsa*

**je vais réfléchir**
я подумаю
*ia padoumaiou*

## Comprendre

| | |
|---|---|
| **детская одежда** | vêtements pour enfants |
| **женская одежда** | vêtements pour femmes |
| **мужская одежда** | vêtements pour hommes |
| **по четвергам работает поздно вечером** | nocturne le jeudi |
| **примерочные кабины** | cabines d'essayage |
| **работает в это воскресенье** | ouverture exceptionnelle le dimanche |

**уценённые товары не обмениваются**
les articles en solde ne peuvent pas être échangés

**здравствуйте, я могу вам помочь?**
*zdrastvouïtié, ia magou vam pamotch' ?*
bonjour, je peux vous aider ?

**ну? что вы об этом думаете?**
*nou? chto vy ab étam doumaiétié ?*
alors ? qu'est-ce que vous en pensez ?

**осталось только синего и чёрного цвета**
*astalas' tol'ka siniéva i tchiornava tsviéta*
il ne nous en reste que en bleu ou en noir

**у нас больше нет этого размера**
*ou nas bol'ché niét étava razmiéra*
il ne nous en reste plus dans cette taille

**это вам идёт**
*éta vam idiot*
ça vous va bien

# SOUVENIRS ET CADEAUX

## S'exprimer

**je cherche un cadeau à ramener**
мне нужно привезти подарок
*mnié noujna priviésti padarok*

**je voudrais quelque chose de facile à transporter**
я хочу что-нибудь удобное для перевозки
*ia hatchiou chto nibout' oudobnaié dlia piériévoski*

**c'est pour une petite fille de 4 ans**
это для маленькой девочки четырёх лет
*éta dlia malién'kaï diévatch'ki tchityrioh liét*

**est-ce que vous pouvez me faire un paquet-cadeau ?**
вы можете мне упаковать для подарка
*vy mojétié mnié oupakavat' dlia padarka*

## Comprendre

**из дерева/серебра/золота/шерсти/хлопка** *iz diériéva/siériébra/zolata/chérsti/hlopka* en bois/argent/or/laine/coton

**кустарное изделие** *koustarnaié izdiéliié* produit artisanal

**ручная работа** *routch'naia rabota* fait main

**смотря, сколько вы готовы потратить**
*smatria skol'ka vy gatovy patratit'*
ça dépend, combien vous êtes prêt à dépenser ?

**это для подарка?**
*éta dlia padarka ?*
c'est pour offrir ?

### Quelques expressions familières

**это надувательство/безумно дорого** *éta nadouvatiél'stva/biézoumna doraga* c'est de l'arnaque/hors de prix !
**у меня нет ни копейки** *ou minia niét ni kapiéiki* je n'ai pas un rond
**это стоит страшно дорого** *éta stoit strachna doraga* ça coûte les yeux de la tête
**это даром** *éta daram* c'est donné
**колоссальные уценки** *kalasal'nyié outsénki* soldes monstres

# PHOTO

## Pour commencer

| | |
|---|---|
| **appareil jetable** | разовый фотоаппарат *razovy fataaparat* |
| **appareil numérique** | фотоаппарат для цифровой фотографии *fataaparat dlia tsyfravoï fatagrafii* |
| **appareil photo** | фотоаппарат *fataaparat* |
| **brillant** | блестящий *blistiachi* |
| **couleur** | цветной *tsviétnoï* |
| **diapositive** | диапозитив *diapazitif* |
| **exemplaire** | экземпляр *ékzémpliar* |
| **faire développer des photos** | проявлять фотографии *praiavliat' fatagrafii* |
| **mat** | матовый *matavy* |
| **noir et blanc** | чёрно-белый *tchiorna biély* |
| **pellicule** | плёнка *plionka* |
| **pose** | кадр *kadr* |
| **prendre une photo/ des photos** | фотографировать *fatagrafiravat'* |

## S'exprimer

**est-ce que vous pourriez nous prendre en photo ?**
вы можете нас сфотографировать?
*vy mojétié nas sfatagrafiravat' ?*

**il suffit d'appuyer sur ce bouton**
достаточно нажать на эту кнопку
*dastatatch'na najat' na étou knopkou*

**je voudrais une pellicule couleur 200 ASA**
мне нужна цветная плёнка двести ASA
*mnié noujna tsvitnaia plionka dviésti a és a*

**est-ce que vous avez des pellicules noir et blanc ?**
у вас есть чёрно-белая плёнка?
*ou vas iést' tchiorna biélaia plionka ?*

**ça coûte combien pour développer une pellicule de 36 poses?**
сколько стоит проявить плёнку в тридцать шесть кадров?
*skol'ka stoit praiavit' plionkou f tritsat' chést' kadraf ?*

**je voudrais faire développer cette pellicule**
я хочу проявить эту плёнку
*ia hatchiou praiavit' étou plionkou*

**je voudrais faire des doubles de certaines photos**
я хочу сделать по два экземпляра некоторых фотографий
*ia hatchiou sdiélat' pa dva ékzémpliara niékataryh fatagrafiï*

**je viens chercher mes photos**
я пришёл *(m)*/пришла *(f)* за своими фотографиями
*ia prichol/prichla za svaimi fatagrafiiami*

**j'ai un problème avec mon appareil photo**
у меня проблема с фотоаппаратом
*ou minia prabliéma s fataaparatam*

**le flash ne marche pas**
вспышка не действует
*fspychka nié diéïstvouiét*

## Comprendre

**проявление за час** — développement en une heure

**стандартный формат** — format standard
*standartny farmat*

**экстренное обслуживание** — service express

**ваши фотографии будут готовы в четверг с двенадцати дня**
*vachy fatagrafii boudout gatovy f tchitviérk s dviénatsati dnia*
vos photos seront prêtes à partir de jeudi midi

**вы их хотите на когда?**
*vy ih hatitié na kagda ?*
vous les voulez pour quand ?

**на какую фамилию?**
*na kakouiou familiiou ?*
c'est à quel nom ?

**мы можем вам их проявить за один час**
*my mojém vam ih praiavit' za adin tchias*
on peut vous les développer en une heure

# LA BANQUE

À l'exception des banques et des hôtels, il y a peu de distributeurs automatiques en Russie. Pour plus de sécurité, il vaut mieux éviter de retirer de l'argent dans la rue. Les cartes de crédit internationales n'étant pas encore acceptées partout, mieux vaut se munir d'espèces.

Vous pouvez bien sûr changer de l'argent dans les banques et les bureaux de change officiels mais aussi dans certains magasins et hôtels. En raison de la prolifération de faux billets, il est déconseillé de changer de l'argent dans la rue même si l'on vous propose un taux plus avantageux.

Les banques sont ouvertes en général du lundi au vendredi de 9h à 17h ou 18h.



## Pour commencer

| | |
|---|---|
| **banque** | банк *bank* |
| **billet (de banque)** | купюра *koupioura* |
| **bureau de change** | обмен валюты *abmién valiouty* |
| **carte de crédit** | кредитная карточка *kriéditnaia kartatch'ka* |
| **changer** *(de l'argent)* | обменять *abminiat'* |
| **chèque** | чек *tchiék* |
| **code confidentiel** | секретный код *siékriétny kot* |
| **commission** | комиссионные *kamisionyié* |
| **compte (bancaire)** | (банковский) счёт *(bankafski) chiot* |
| **distributeur (automatique)** | банкомат *bankamat* |
| **guichet** | окошко *akochka* |
| **pièce (de monnaie)** | монета *maniéta* |
| **retirer** *(de l'argent)* | снимать/снять *snimat'/sniat'* |
| **retrait** | получение денег *paloutchiéniié diéniék* |
| **traveller's cheques** | дорожные чеки *darojnyié tchiéki* |
| **virement** | перевод *piériévot* |

## S'exprimer

**où est-ce qu'il y a un bureau de change ?**
где находится обмен валюты?
*gdié nahoditsa abmién valiouty ?*

**les banques sont-elles ouvertes le samedi ?**
банки открыты в субботу?
*banki atkryty f soubotou ?*

**je cherche un distributeur automatique**
я ищу банкомат
*ia ichiou bankamat*

**je voudrais changer 80 euros**
я хочу обменять восемьдесят евро
*ia hatchiou abminiat' vosimdisiat iévra*

**qu'est-ce que vous prenez comme commission ?**
какие вы берёте комиссионные?
*kakiié vy biriotié kamisionyié ?*

**je voudrais faire un virement**
я хочу сделать перевод
*ia hatchiou sdiélat' piériévot*

**ça va prendre combien de temps ?**
это займёт сколько времени?
*éta zaïmiot skol'ka vriémiéni ?*

**j'attends un mandat**
я жду денежный перевод
*ia jdou diéniéjny piériévot*

**je voudrais signaler la perte de mes cartes de crédit**
я хочу заявить о потере моих кредитных карточек
*ia hatchiou zaiavit' a patiérié maih kriéditnyh kartatchiék*

**le distributeur de billets a avalé ma carte**
банкомат не вернул мою карточку
*bankamat nié viérnoul maiou kartatch'kou*

## Comprendre

**аппарат (временно) не работает**
appareil (momentanément) hors service

**вставьте карточку**
insérez votre carte

**выберите сумму**
choisissez votre montant

**выдача денег с получением квитанции**
retrait avec reçu

**наберите секретный код**
composez votre code confidentiel

### Quelques expressions familières

**баксы** *baksy*, **зелень** *ziélion'* dollars
**деревянные деньги** *diérié**via**nyié* *d**ié**n'gi* roubles
**бабки** *b**a**pki*, **капуста** *kap**ou**sta* pognon

# LA POSTE

Les bureaux de poste sont en général ouverts de 9h à 18h ou 19h. À Moscou, la poste centrale est ouverte 24 heures sur 24. Les boîtes aux lettres sont bleues et il n'y a pas de distinction entre les différentes destinations. Les grands hôtels ont leurs propres bureaux de poste où vous pouvez acheter des timbres et envoyer lettres et colis.

Lorsqu'on écrit une adresse, on suit l'ordre inverse de celui utilisé en France : on indique d'abord le nom du pays suivi du code postal, puis le nom de la ville, la rue, le numéro de l'immeuble et de l'appartement et on termine par le nom du destinataire.

## Comprendre

**boîte aux lettres** почтовый ящик *patch'tovy iachik*
**carte postale** открытка *atkrytka*
**code postal** почтовый индекс *patch'tovy indéks*
**colis** посылка *pasylka*
**courrier** почта *potch'ta*
**écrire** писать/написать *pisat'/napisat'*
**enveloppe** конверт *kanviért*
**envoyer** посылать/послать *pasylat'/paslat'*
**lettre** письмо *pis'mo*
**par avion** авиа *avia*
**poste** почта *potch'ta*
**recevoir** получать/получить *paloutchiat'/paloutchit'*
**timbre** марка *marka*

## S'exprimer

**où est-ce que je peux trouver un bureau de poste ?**
где находится почта?
*gdié nahoditsa potch'ta ?*

**y a-t-il une boîte aux lettres par ici ?**
здесь есть почтовый ящик ?
*zdiés' iést' patch'tovy iachik ?*

**est-ce que la poste est ouverte le samedi ?**
почта работает по субботам?
*potch'ta rabotaiét pa soubotam ?*

**à quelle heure ferme la poste ?**
когда закрывается почта?
*kagda zakryvaiétsa potch'ta ?*

**je voudrais 5 timbres pour la France**
5 марок во Францию, пожалуйста
*piat' marak va frantsyiou, pajalousta*

**combien coûte un timbre pour la Suisse ?**
сколько стоит марка в Швейцарию?
*skol'ka stoit marka f chviétsariiou ?*

**y a-t-il un tarif lent ?**
есть медленный тариф?
*iést' miédliény tarif ?*

**y a-t-il du courrier pour moi ?**
для меня есть письма?
*dlia minia iést' pis'ma ?*

**je voudrais envoyer ce colis à Lyon par avion**
я хочу отправить эту посылку в Лион авиапочтой
*ia hatchiou atpravit' étou pasylkou v lion aviapotch'taï*

**combien de temps ça met pour arriver ?**
сколько времени это идёт?
*skol'ko vriémiéni éta idiot ?*

LA POSTE

## Comprendre

| | |
|---|---|
| **не бросать** | fragile |
| **адресат** | expéditeur |
| **получатель** | destinataire |
| **первая выемка писем** | première levée |
| **последняя выемка** | dernière levée |

**(письмо) идёт от 2 до 5 дней**
ça met entre 2 et 5 jours

# CAFÉS INTERNET, E-MAILS

WWW

Les cafés Internet sont encore peu nombreux en Russie. En raison du coût élevé des abonnements, peu de Russes ont accès à Internet chez eux. Les Russes utilisent le clavier QWERTY.

## Pour commencer

| | |
|---|---|
| **adresse e-mail** | адрес e-mail *adris i méil* |
| **arobase** | собака *sabaka* |
| **café Internet** | интернет-кафе *intérnét kafé* |
| **coller** | наклеивать/наклеить *nakliéivat'/nakliéit'* |
| **copier** | копировать/скопировать *kapiravat'/skopirovat'* |
| **effacer** | стирать/стереть *stirat'/stiériét'* |
| **e-mail** | e-mail *i méil* |
| **envoyer un e-mail** | отправлять/отправить e-mail *atpravliat'/atpravit' i méil* |
| **clavier** | клавиатура *klaviatoura* |
| **mot de passe** | пароль *parol'* |
| **recevoir** | получать/получить *paloutchiat'/paloutchit'* |
| **sauvegarder** | сохранять/сохранить в памяти *sahraniat'/sahranit' f pamiati* |
| **télécharger** | загружать *zagroujat'* |
| **touche** | клавиша *klavicha* |

## S'exprimer

**y a-t-il un café Internet ici ?**
здесь есть интернет-кафе?
*zdiés' iést' intérnét kafé ?*

**est-ce que vous avez une adresse e-mail ?**
у вас есть адрес e-mail?
*ou vas iést' **a**dris i m**é**il ?*

**je voudrais m'ouvrir une adresse e-mail**
я хочу иметь адрес e-mail
*ia hatch**iou** imi**é**t' **a**dris i m**é**il*

**comment est-ce que je me connecte ?**
как мне установить контакт?
*kak mnié oustanav**i**t' kant**a**kt ?*

**est-ce que vous pouvez m'aider, je ne sais pas comment ça marche**
вы можете мне помочь, я не знаю, как это действует
*vy m**o**jétié mnié pam**o**tch', ia nié zn**a**iou kak **é**ta di**é**ïstvouiét*

**je ne trouve pas l'arobase sur le clavier**
я не могу найти собаку на клавиатуре
*ia nié mag**ou** naït**i** sab**a**kou na klaviat**ou**rié*

**ça ne marche pas**
это не работает
***é**ta nié rab**o**taiét*

**il y a un problème, c'est bloqué**
что-то случилось, компьютер завис
*cht**o** ta sloutch**i**las', kampi**ou**tér zavis*

## Comprendre

| | |
|---|---|
| **исходящие** | boîte d'envoi |
| **входящие** | boîte de réception |

**надо ждать около двадцати минут**
*nada jdat' **o**kala dvatsat**i** min**ou**t*
il y a environ 20 minutes d'attente

**я могу вас включить в список**
*ia mag**ou** vas fkli**ou**tchit' f sp**i**sak*
je peux vous inscrire sur la liste

# TÉLÉPHONE

Dans les cabines téléphoniques on utilise des cartes qu'on achète généralement aux guichets des stations de métro. À Saint-Pétersbourg, vous pouvez aussi utiliser des jetons (**жетон(ы)** *jéton(y)*) pour téléphoner, mais uniquement pour les téléphones situés dans le métro.

Pour appeler en France depuis la Russie, composez 8 10 33 puis le numéro à 9 chiffres (sans le zéro initial).

Pour appeler la Russie depuis la France, composez 00 7 suivi de l'indicatif de la région (095 pour Moscou, 812 pour Saint-Pétersbourg) puis le numéro à 7 chiffres.

## Pour commencer

**allô** *(personne qui appelle)* **алло** *alo*
**allô** *(personne qui décroche)* **алло** *alo*, **слушаю** *slouchaiou*
**annuaire** **телефонный справочник** *tilifony spravatch'nik*
**appel international/national/local** **международный/междугородный/местный звонок** *miéjdounarodny/miéjdougarodny/miésny zvanok*
**appeler** **звонить/позвонить** *zvanit'/pazvanit'*
**cabine téléphonique** **телефон-автомат** *tilifon aftamat*
**carte de téléphone** **телефонная карточка** *tilifonaia kartatch'ka*
**message** **сообщение** *saapchiéniié*
**numéro de téléphone** **номер телефона** *nomir tilifona*
**Pages jaunes®** **жёлтые страницы** *joltyié stranitsy*
**portable** **мобильник** *mabil'nik*
**renseignements** **справки** *sprafki*
**répondeur** **автоответчик** *aftaatviétchik*
**téléphone** **телефон** *tilifon*
**téléphoner** **звонить/позвонить** *zvanit'/pazvanit'*

## S'exprimer

**où est-ce que je peux acheter une carte de téléphone ?**
где я могу купить телефонную карточку?
*gdié ia magou koupit' tilifonouiou kartatch'kou ?*

**une carte de téléphone de ... roubles, s'il vous plaît**
телефонную карточку за ... рублей, пожалуйста
*tilifonouiou kartatch'kou za ... roubliéï, pajalousta*

**est-ce que vous savez s'il y a une cabine téléphonique près d'ici ?**
вы знаете, есть ли недалеко отсюда телефон-автомат?
*vy znaiétié iést' li niédaliéko atsiouda tilifon aftamat ?*

**pourriez-vous me faire la monnaie de ..., c'est pour téléphoner ?**
разменяйте, пожалуйста, ..., мне надо позвонить
*razminiaïtié, pajalousta, ..., mnié nada pazvanit'*

**je voudrais appeler en PCV**
мне надо позвонить за счёт абонента
*mnié nada pazvanit' za chiot abaniénta*

**est-ce que vous pouvez répéter plus lentement ?**
повторите, пожалуйста, медленнее
*paftaritié pajalousta miédliéniéié*

**est-ce que vous pouvez parler plus fort ?**
говорите, пожалуйста, громче
*gavaritié pajalousta gromtchié*

**est-ce que vous parlez français ?**
вы говорите по-французски?
*vy gavaritié pa frantsouski ?*

**est-ce qu'il y a une prise pour que je recharge mon portable ?**
здесь есть розетка, мне надо зарядить мобильник?
*zdiés' iést' raziétka, mnié nada zariadit' mabil'nik ?*

**tu as un numéro de portable ?**
у тебя есть номер мобильника?
*ou tibia iést' nomir mabil'nika ?*

**où est-ce que je peux vous joindre pendant la journée ?**
где вас можно найти днём?
*gdié vas mojna naïti dniom ?*

**tu as eu mon message ?**
ты получил моё сообщение?
*ty paloutchil maio saapchiéniié ?*

## Comprendre

**принимает монеты в ...**
accepte les pièces de ...

**вы набираете неправильный номер**
*vy nabiraiétié niépravil'ny nomir*
le numéro que vous avez demandé n'est pas attribué

**нажмите на кнопку диез**
*najmitié na knopkou diiés*
appuyez sur la touche dièse

**Abréviations courantes**

| | | |
|---|---|---|
| **раб. тел.** = рабочий телефон *rabotchi tilifon* | (numéro au) travail |
| **дом. тел.** = домашний телефон *damachni tilifon* | (numéro du) domicile |
| **моб. тел.** = мобильный телефон *mabil'ny tilifon* | (numéro de) portable |

# FORMULES USUELLES

## S'exprimer

**allô, qui est à l'appareil ?**
алло, кто у телефона?
*alo, kto ou tilifona ?*

**c'est de la part de qui ?**
кто говорит?
*kto gavarit ?*

**allô, c'est Pierre, est-ce que je suis bien chez ... ?**
алло, это Пьер, я говорю с ...?
*alo, éta p'iér, ia gavariou s ... ?*

**allô, bonjour, je voudrais parler à M. ..., de la part de ...**
алло, здравствуйте, позовите, пожалуйста, господина ..., это говорит ...
*alo zdrastvouïtié pazavitié pajalousta gaspadina ..., éta gavarit ...*

**vous vous êtes trompé de numéro**
вы ошиблись номером
*vy achyblis' nomiram*

**allô, David ?**
алло, Давид ?
*alo, davit ?*

**un instant, s'il vous plaît**
минуточку, пожалуйста
*minoutatch'kou, pajalousta*

**ne quittez pas**
не кладите трубку
*nié kladitié troupkou*

**je vous le passe**
сейчас я его позову
*sitchias ia iévo pazavou*

**il est sorti**
он вышел
*on vychél*

**il sera de retour dans une demi-heure**
он вернётся через полчаса
*on viernïotsa tchiériés poltchisa*

**pouvez-vous lui dire que j'ai appelé ?**
скажите ему, пожалуйста, что я звонил
*skajytié iémou pajalousta chto ia zvanil*

**vous avez de quoi écrire ?**
у вас есть чем писать?
*ou vas iést' tchiém pisat' ?*

**mon nom est ... et mon numéro le ...**
моя фамилия ..., а мой номер телефона ...
*maia familiia ..., a moï nomir tilifona ...*

**est-ce que vous pouvez lui demander de me rappeler ?**
попросите его, пожалуйста, перезвонить мне
*paprasitié iévo pajalousta piériézvanit' mnié*

**est-ce que vous savez quand je peux le joindre ?**
вы не знаете, когда я могу его застать?
*vy nié znaiétié kagda ia magou iévo zastat' ?*

**il peut me joindre au ...**
он может мне позвонить по номеру ...
*on mojét mnié pazvanit' pa nomirou ...*

**je vous remercie, au revoir**
я благодарю вас, до свидания
*ia blagadariou vas, da svidaniia*

**je rappellerai (plus tard)**
я перезвоню (позже)
*ia piériézvaniou (pozjé)*

**on se rappelle, ok ?**
созвонимся, хорошо?
*sazvanimsia, haracho ?*

**on s'appelle bientôt ?**
созвонимся в ближайшее время?
*sazvanimsia v blijaïchéié vriémia ?*

## Comprendre

**его здесь нет, вы хотите ему что-нибудь передат?**
*iévo zdiés' niét, vy hatitié iémou chto nibout' piériédat' ?*
il n'est pas là, est-ce que vous voulez laisser un message ?

**оставьте, пожалуйста, ваше сообщение после гудка**
*astaf'tié pajalousta vaché saapchiénié poslié goutka*
veuillez laisser un message après le bip

**минуту, я передаю ему трубку**
*minoutou ia piériédaiou iémou troupkou*
un instant, je vous le passe

**я скажу ему, что вы звонили**
*ia skajou iémou chto vy zvanili*
je lui dirai que vous avez appelé

# PROBLÈMES

## S'exprimer

**je ne connais pas l'indicatif**
я не знаю кода
*ia nié znaiou koda*

**ça sonne occupé**
занято
*zaniata*

**ça ne répond pas**
не отвечает
*nié atviétchiaiét*

**je n'ai pas réussi à le joindre**
мне не удалось к нему дозвониться
*mnié nié oudalos' k niémou dazvanitsa*

**il ne me reste plus beaucoup d'unités sur ma carte**
у меня мало денег на карточке
*ou minia mala diéhiék na kartatch'kié*

**attends, ça va couper, il faut que je rajoute de la monnaie**
подожди, нас разъединят, мне надо добавить монеты
*padajdi, nas raz-iédiniat, mnié nada dabavit' maniéty*

**il y a une très mauvaise réception**
очень плохая слышимость
*otchin' plahaia slychymast'*

**il n'y a pas de réception ici**
здесь нет слышимости
*zdiés' niét slychymasti*

**vous savez où je peux trouver une recharge pour mon téléphone portable ?**
вы не знаете, где можно найти карточку для мобильника?
*vy nié znaiétié gdié mojna naïti kartatch'kou dlia mabil'nika ?*

**est-ce que je peux brancher mon portable ici pour le recharger ?**
можно подключить сюда мой мобильник, мне надо подзарядить его?
*mojna patklioutchit' siouda moï mabil'nik, mnié nada padzariadit' iévo ?*

TÉLÉPHONE

## Comprendre

**вы, наверно, ошиблись номером**
*vy naviérna achyblis' nomiram*
vous avez dû vous tromper de numéro

**нас разъединили**
*nas raz-iédinili*
on a été coupés

**я вас очень плохо слышу**
*ia vas otchin' ploha slychou*
je vous entends très mal

# SANTÉ

Pour obtenir un visa, vous devez souscrire à une assurance maladie appropriée (par ex. Europe Assistance). Aucun certificat de vaccination n'est demandé aux ressortissants de la Communauté européenne, mais toute personne sollicitant un visa de plus de trois mois doit présenter un certificat médical attestant sa non-séropositivité.

En Russie, on peut acheter des antibiotiques sans ordonnance. Les médicaments s'achètent en pharmacie ou à l'intérieur de certaines stations de métro, dans des kiosques autorisés à en vendre. Il existe une pharmacie de garde dans chaque quartier. Attention, certains médicaments étant introuvables en Russie, il est conseillé de prévoir votre trousse à pharmacie et d'emporter avec vous vos médicaments si vous suivez un traitement particulier.

Faites attention aux dates de péremption des produits alimentaires, en particulier des surgelés.

En cas d'urgence, appelez le 03 (ambulance).



## Pour commencer

**alcool à 90°** чистый спирт *tchisty spirt*
**allergie** аллергия *aliérgiia*
**ambulance** скорая помощь *skoraia pomach'*
**aspirine** аспирин *aspirin*
**bouton** прыщ *prych'*
**cassé** сломаный *slomany*
**comprimé** таблетка *tabliétka*
**dentiste** зубной врач *zoubnoï vratch'*
**désinfecter** дезинфицировать *diézinfitsyravat'*

| | |
|---|---|
| **fièvre** | температура *tiémpiératoura* |
| **généraliste** | терапевт *tiérapiéft* |
| **gynécologue** | гинеколог *giniékolak* |
| **hôpital** | больница *bal'nitsa* |
| **intoxication alimentaire** | пищевое отравление *pichivoié atravliéniié* |
| **médecin** | врач *vratch'* |
| **médicament** | лекарство *likarstva* |
| **pansement** | пластырь *plastyr'* |
| **pharmacie** | аптека *aptiéka* |
| **pommade** | мазь *mas'* |
| **radio** (rayons X) | рентген *ringién* |
| **règles** | менструация *miénstrouatsyia* |
| **sang** | кровь *krof'* |
| **urgences** | скорая помощь *skoraia pomach'* |
| **vaccin** | прививка *privifka* |
| **vomir** | рвать *rvat'* |

SANTÉ

## S'exprimer

**est-ce que quelqu'un aurait une aspirine par hasard ?**
случайно, у кого-нибудь есть аспирин?
*sloutchiaïna ou kavo nibout' iést' aspirin ?*

**j'ai besoin d'aller voir un docteur**
мне надо сходить к врачу
*mnié nada shadit' k vratchiou*

**où est-ce que je peux trouver un médecin à cette heure-là ?**
где я могу сейчас найти врача?
*gdié ia magou sitchias naïti vratchia ?*

**je voudrais prendre un rendez-vous pour aujourd'hui**
я хочу записаться на приём к врачу на сегодня
*ia hatchiou zapisatsa na priiom k vratchiou na sivodnia*

**le plus tôt possible**
как можно скорее
*kak mojna skariéié*

**non, ce n'est pas grave**
нет, это не страшно
*niét, éta nié strachna*

**pouvez-vous faire venir une ambulance au ...**
вы можете вызвать скорую помощь по адресу ...
*vy mojétié vyzvat' skorouiou pomach' pa adrisou ...*

**je voudrais une solution de rinçage pour lentilles souples**
мне нужен раствор для полоскания контактных линз
*mnié noujén rastvor dlia palaskaniia kantaktnyh lins*

**j'ai cassé mes lunettes**
я разбил *(m)*/разбила *(f)* свои очки
*ia razbil/razbila svai atch'ki*

## Comprendre

**медицинский кабинет** cabinet médical
**неотложная помощь** *niéatlojnaia pomach'* urgences
**рецепт** *riétsépt* ordonnance

**в пятницу в 14 часов, это вас устраивает ?**
*f piatnitsou f tchityrnatsat' tchisof, éta vas oustraivaiét ?*
vendredi à 14h, ça vous convient ?

**до четверга всё занято**
*da tchitviérga fsio zaniata*
il n'y a rien de libre avant jeudi

# CHEZ LE MÉDECIN

## S'exprimer

**j'ai rendez-vous avec le docteur ...**
я записался *(m)*/записалась *(f)* к врачу ...
*ia zapisalsia/zapisalas' k vratchiou...*

**je ne me sens pas bien**
я плохо себя чувствую
*ia ploha sibia tchioustvouiou*

**je me sens très faible**
у меня большая слабость
*ou minia bal'chaia slabast'*

**je ne sais pas ce que c'est**
я не знаю, что это
*ia nié znaiou chto éta*

**j'ai été piqué/mordu par…**
меня ужалил/укусил ...
*minia oujalil/oukousil …*

**j'ai mal à la tête/au cœur/au ventre/au dos/à la gorge**
у меня болит голова/сердце/живот/спина/горло
*ou minia balit galava/siértsé/jyvot/spina/gorla*

**j'ai mal aux dents**
у меня болят зубы
*ou minia baliat zouby*

**j'ai mal ici**
у меня здесь
*ou minia zdiés'*

**ça fait mal**
больно
*bol'na*

**ça s'est aggravé**
состояние ухудшилось
*sastaianiié ouhoutchylas'*

**ça fait 3 jours**
уже три дня
*oujé tri dnia*

**ça a commencé la nuit dernière**
это началось прошлой ночью
*éta natchilos' prochlaï notchiou*

**c'est la première fois que ça m'arrive**
ото оо мпой опорвыо
*éta sa mnoï fpiérvyié*

**j'ai de la fièvre**
у меня температура
*ou minia tiémpiératoura*

**je fais de l'asthme**
у меня астма
*ou minia astma*

**je suis cardiaque**
у меня больное сердце
*ou minia bal'noié siértsé*

**ça me démange**
чешется
*tchiéchétsa*

**je suis sous antibiotiques depuis une semaine et ça ne va pas mieux**
я принимаю антибиотики уже неделю, но мне не лучше
*ia prinimaiou antibiotiki oujé nidiéliou, no mnié nié loutché*

**je prends la pilule**
я принимаю противозачаточные таблетки
*ia prinimaiou prativazatchiatatch'nyié tabliétki*

**je suis enceinte d'un mois/de 2 mois/de 5 mois**
я беременна уже один месяц/два месяца/пять месяцев
*ia biériémiéna oujé adin miésits/dva miésitsa/piat' miésitséf*

**je me suis tordu la cheville**
я вывихнул лодыжку
*ia vyvihnoul ladychkou*

**j'ai perdu un plombage**
я потерял *(m)*/потеряла *(f)* пломбу
*ia patirial/patiriala plombou*

**je suis tombé sur le dos**
я упал на спину
*ia oupal na spinou*

**j'ai eu une syncope**
я упал в обморок
*ia oupal v obmarak*

**c'est grave ?**
это серьёзно?
*éta sir'iozna ?*

**c'est contagieux ?**
это заразно?
*éta zarazna ?*

**comment va-t-il ?**
как он себя чувствует?
*kak on sibia tchioustvouiét ?*

**combien je vous dois ?**
сколько я вам должен *(m)*/должна *(f)*?
*skol'ka ia vam doljén/daljna ?*

**est-ce que je peux avoir un reçu pour me faire rembourser ?**
я могу получить квитанцию, чтобы мне вернули деньги?
*ia magou paloutchit' kvitantsyiou, chtoby mnié viérnouli dién'gi ?*

## Comprendre

**вам больно, когда я нажимаю тут?**
*vam bol'na kagda ia najymaiou tout ?*
ça vous fait mal quand j'appuie là ?

**вы принимаете другие лекарства?**
*vy prinimaiétié drougiié liékarstva ?*
avez-vous des traitements en cours ?

**вы сделали прививку от ...?**
*vy sdiélali privifkou at … ?*
êtes-vous vacciné contre … ?

**где у вас болит?**
*gdié ou vas balit ?*
où est-ce que ça vous fait mal ?

**дышите глубже**
*dychytié gloubjé*
respirez bien fort

**если у вас будут боли, примите таблетку**
*iésli ou vas boudout boli primitié tabliétkou*
prenez une gélule en cas de douleur

**ложитесь, пожалуйста**
*lajytiés' pajalousta*
allongez-vous, s'il vous plaît

**подождите, пожалуйста, в приёмной**
*padajditié pajalousta f priiomnaï*
si vous voulez bien patienter dans la salle d'attente

**приходите ко мне через неделю**
*prihaditié ka mnié tchiériés niédiéliou*
revenez me voir dans une semaine

**у вас есть аллергия на ...?**
*ou vas iést' aliérgiia na … ?*
êtes-vous allergique à … ?

**надо будет оперировать**
*nada boudiét apiériravat'*
il va falloir opérer

**это должно зажить быстро**
*éta daljno zajyt' bystra*
ça devrait cicatriser rapidement

**это должно пройти через несколько дней**
*éta daljno praïti tchiériés niéskal'ka dniéï*
ça devrait passer en quelques jours

# À LA PHARMACIE

## S'exprimer

**une boîte de pansements, s'il vous plaît**
коробочку пластыря, пожалуйста
*karobatch'kou plastyria, pajalousta*

**j'ai attrapé un rhume**
у меня насморк
*ou minia nasmark*

**je suis allergique à l'aspirine**
у меня аллергия на аспирин
*ou minia aliérgiia na aspirin*

**j'aurais besoin de quelque chose contre la toux**
мне нужно что-нибудь от кашля
*mnié noujna chto nibout' at kachlia*

**je voudrais prendre de l'homéopathie**
**я хочу принимать гомеопатические лекарства**
*ia hatchiou prinimat' gamiapatitchiskiié likarstva*

## Comprendre

| | |
|---|---|
| **в порошке** *f parachkié* | en poudre |
| **капсула** *kapsoula* | gélule |
| **мазь** *mas'* | pommade |
| **микстура** *mikstoura* | sirop |
| **накладывать** *nakladyvat'* | appliquer |
| **принимать три раза в день перед едой** *prinimat' tri raza v dién' piériét iédoï* | à prendre 3 fois par jour avant les repas |
| **противопоказания** | contre-indications |
| **свечи** *sviétchi* | suppositoires |
| **таблетка** *tabliétka* | cachet, comprimé, tablette |
| **только по рецепту** *tol'ka pa riétsiéptou* | uniquement sur ordonnance |

# PROBLÈMES ET URGENCES

Si vous êtes perdu dans la ville, vous pouvez vous adresser à la réception des hôtels. Vous pouvez également vous renseigner auprès des agents de la **ГАИ** *(gai)*, la police de la route. Ce sont eux qui se trouvent aux carrefours principaux ; ils règlent la circulation et constatent les accidents de la route.

Pour le bureau des objets trouvés, demandez le **бюро находок** *biouro nahodak*.

Pour les pompiers, composez le 01, pour la police le 02, pour les ambulances le 03.

## Pour commencer

| | |
|---|---|
| **accident** | несчастный случай *niéchiasny sloutchiaï* |
| **ambulance** | скорая (помощь) *skoraia (pomach')* |
| **blessé** | раненый *raniény* |
| **cassé** | сломанный *slomany* |
| **handicapé** | инвалид *invalit* |
| **incendie** | пожар *pajar* |
| **malade** | больной *bal'noï* |
| **médecin** | врач *vratch'* |
| **police** | милиция *militsyia* |
| **pompiers** | пожарные *pajarnyié* |
| **service des urgences** | служба неотложной помощи *sloujba niéatlojnaï pomachi* |
| **urgence** | срочность *srotch'nast'* |

## S'exprimer

**est-ce que vous pourriez m'aider ?**
вы могли бы мне помочь?
*vy magli by mnié pamotch' ?*

**au secours !**
на помощь!
*na pomach' !*

**attention !**
осторожно!
*astarojna !*

**c'est urgent !**
это срочно!
*éta srotch'na !*

**est-ce qu'il y a quelqu'un ici qui parle français ?**
здесь кто-нибудь говорит по-французски?
*zdiés' kto nibout' gavarit pa frantsouski ?*

**je dois contacter le consulat**
мне нужно связаться с консульством
*mnié noujna svizatsa s konsoul'stvam*

**où est le commissariat le plus proche ?**
где ближайшее отделение милиции?
*gdié blijaïchéié atdiliéniié militsyi ?*

**que dois-je faire ?**
что мне делать?
*chto mnié diélat' ?*

**on m'a volé mes papiers**
у меня украли документы
*ou minia oukrali dakoumiénty …*

**j'ai perdu …**
я потерял (*m*)/потеряла (*f*) …
*ia patirial/patiriala*

**j'ai été agressé**
на меня напали
*na minia napali*

**mon enfant a disparu**
мой ребёнок пропал
*moï ribionak prapal*

**ma voiture a été emmenée à la fourrière**
мою машину забрали на штрафную стоянку
*maiou machynou zabrali na chtrafnouiou staiankou*

**il y a un homme qui me suit depuis un moment**
какой-то человек идёт за мной уже некоторое время
*kakoï ta tchilaviék idiot za mnoï oujé niékataraié vriémia*

**on a forcé la porte de ma voiture**
дверь моей машины взломали
*dviér' maiéï machyny vzlamali*

**y a-t-il un accès pour handicapés ?**
есть въезд для инвалидов?
*iést' v-iést dlia invalidaf ?*

**pouvez-vous surveiller mes affaires un instant ?**
вы можете посмотреть минуточку за моими вещами?
*vy mojétié pasmatriét' minoutatch'kou za maimi viéchiami ?*

**il est en train de se noyer, il faut appeler à l'aide**
он тонет, надо позвать на помощь
*on toniét, nada pazvat' na pomach'*

## Comprendre

| | |
|---|---|
| **бюро находок** *biouro nahodak* | bureau des objets trouvés |
| **запасный выход** | sortie de secours |
| **злая собака** | chien méchant |
| **милиция** *militsyia* | police secours |
| **ремонтное обслуживание** *riémontnaïé apsloujyvanié* | service de dépannage |
| **сломан** *sloman* | en panne |
| **спасатели (в горах)** *spasatiéli (v garah)* | secours de montagne |

# POLICE ET DOUANE

## S'exprimer

**je dois faire une déclaration de vol**
мне нужно заявить о краже
*mnié noujna zaiavit' a krajé*

**j'ai besoin d'un certificat de police pour ma compagnie d'assurance**
мне нужна справка из милиции для моей страховой компании
*mnié noujna sprafka iz militsyi dlia maiéï strahavoï kampanii*

## Comprendre

**Remplir un formulaire**

| | |
|---|---|
| **фамилия** | nom |
| **имя** | prénom |
| **адрес** | adresse |
| **почтовый индекс** | code postal |
| **страна** | pays |
| **национальность** | nationalité |
| **число, месяц, год рождения** | date de naissance |
| **место рождения** | lieu de naissance |
| **возраст** | âge |
| **пол** | sexe |
| **длительность пребывания** | durée du séjour |
| **дата приезда/отъезда** | date d'arrivée/de départ |
| **профессия** | profession |
| **номер паспорта** | numéro de passeport |

**за этот товар надо заплатить таможенную пошлину**
*za **é**tat tav**a**r n**a**da zaplat**i**t' tam**o**jénouiou p**o**chlinou*
il y a des droits de douane à payer sur cet article

**чего вам не хватает?**
*tchiv**o** vam nié hvat**a**iét ?*
qu'est-ce qu'il vous manque ?

**где вы живёте?**
*gdié vy jyv**io**tié ?*
où logez-vous ?

**когда это произошло?**
*kagd**a** **é**ta praizachl**o** ?*
quand cela s'est-il passé ?

**вы можете описать?**
*vy m**o**jétié apis**a**t' ?*
pouvez-vous le décrire ?

**заполните, пожалуйста, этот бланк**
*zap**o**lnitié paj**a**lousta **é**tat blank*
pouvez-vous remplir ce formulaire, s'il vous plaît ?

**распишитесь, пожалуйста, здесь**
*raspich**y**tiés' paj**a**lousta zdiés'*
pouvez-vous signer ici, s'il vous plaît ?

# LA DATE, L'HEURE, LE TEMPS



## Pour commencer

| | |
|---|---|
| **à l'heure du déjeuner** | в обеденное время *v obiédiénaié vriémia* |
| **année** | год *got* |
| **après** *(préposition)* | после *poslié* |
| **avant** *(préposition)* | до *do* |
| **bientôt** | скоро *skora* |
| **dans la soirée** | вечером *viétchiram* |
| **de … à …** | с … до … *s … do …* |
| **de temps en temps** | время от времени *vriémia at vriémiéni* |
| **déjà** | уже *oujé* |
| **depuis** | с *s* |
| **dernier** | последний *pasliédni* |
| **en ce moment** | сейчас *sitchias* |
| **en début de** | в начале *v natchalié* |
| **en milieu/fin de** | в середине/конце *f siridinié/kantsé* |
| **en retard** | опоздал(а) *apazdal(a)* |
| **en avance** | раньше *ran'ché* |
| **encore** | ещё *ichio* |
| **entre … et …** | между … и … *miéjdou … i …* |
| **jamais** | никогда *nikagda* |
| **jour** | день *dién'* |
| **jusqu'à** | до *do* |
| **longtemps** | долго *dolga* |
| **maintenant** | сейчас *sitchias* |
| **matin** | утро *outra* |
| **midi** | полдень *poldién'* |
| **nuit** | ночь *notch'* |
| **pas encore** | нет ещё *niét ichio* |
| **pendant** | во время *va vriémia* |
| **prochain** | будущий *boudouchi* |
| **rarement** | редко *riétka* |

| | |
|---|---|
| **récemment** | недавно *niédavna* |
| **semaine** | неделя *niédiélia* |
| **soir** | вечер *viétchir* |
| **souvent** | часто *tchiasta* |
| **tard** | поздно *pozna* |
| **tôt** | рано *rana* |
| **toujours** | всегда *fsigda* |
| **tout de suite** | сразу *srazou* |
| **week-end** | конец недели *kaniéts niédiéli* |

## S'exprimer

**à bientôt !**
до скорого!
*da skorava !*

**à plus tard !**
до скорой встречи!
*da skoraï fstriétchi !*

**à tout à l'heure !**
до встречи!
*da fstriétchi !*

**à lundi !**
до понедельника!
*da panidiél'nika !*

**désolé(e), je suis en retard**
извините, я опоздал *(m)*/опоздала *(f)*
*izvinitié ia apazdal/apazdala*

**on est arrivés trop tard**
мы пришли слишком поздно
*my prichli slichkam pozna*

**je n'ai pas encore été là-bas**
я ещё там не был *(m)*/была *(f)*
*ia ichio tam nié byl/byla*

**je n'ai pas eu le temps de ...**
я не успел *(m)*/успела *(f)* ...
*ia nié ouspiél/ouspiéla ...*

**j'ai tout mon temps**
у меня много времени
*ou minia mnoga vriémiéni*

**je suis pressé**
я спешу
*ia spiéchou*

**dépêchez-vous**
поторопитесь
*patarapitiés'*

**un instant, s'il vous plaît**
подождите, пожалуйста, минуточку
*padajditié pajalousta minoutatch'kou*

**je me suis couché tard**
я лёг спать поздно
*ia liok spat' pozna*

**je me suis levé très tôt**
я встал очень рано
*ia fstal otchin' rana*

**j'ai attendu longtemps**
я ждал *(m)*/ждала *(f)* долго
*ia jdal/jdala dolga*

**l'après-midi, je fais une sieste**
после обеда я лежу
*poslié abiéda ia liéjou*

**je dois me réveiller très tôt demain pour prendre l'avion**
я должен *(m)*/должна *(f)* проснуться очень рано завтра, чтобы успеть на самолёт
*ia doljén/doljna prasnoutsa otchin' rana zaftra chtoby ouspiét' na samaliot*

**il ne nous reste plus que 4 jours**
нам остаётся только четыре дня
*nam astaiotsa tol'ka tchityrié dnia*



# LA DATE

### Comment dire la date

Pour indiquer la date (réponse à la question "on est le combien" ?), on utilise le nombre ordinal neutre au nominatif (voir grammaire) suivi du mois au génitif et de l'année également au génitif : **сегодня 10-ое сентября 2003-ого года** on est le 10 septembre 2003 ("le 10ème (jour) de septembre de l'année 2003")

Quand la date répond à la question "quand"?, on emploie le nombre ordinal au génitif suivi du mois au génitif et de l'année également au génitif : **мы увидимся 2-ого января 2003-ого года** on se verra le 2 janvier 2003

Pour indiquer le mois ou l'année, on emploie la préposition **в** suivie du prépositif : en juin 1867 **в июне 1867-ого года**

Pour indiquer entre quand et quand un événement s'est passé, on emploie la préposition **между** suivie du nombre ordinal à l'instrumental : entre 1904 et 1909 **между 1904-ым и 1909-ым годом**

Pour indiquer le siècle, on emploie la préposition **в** suivie du nombre ordinal et du siècle au prépositif : au Ier siècle avant J.C. **в первом веке до н.э.(нашей эры)**

| | |
|---|---|
| au III$^e$ siècle après J.C. | в третьем веке н.э. |
| l'art du XIX$^e$ siècle | искусство девятнадцатого века |
| au début/milieu du XX$^e$ siècle | в начале/середине двадцатого века |
| à la fin du XX$^e$ siècle | в конце двадцатого века |

**après-demain** послезавтра *posliézaftra*
**au début de** в начале (+ *gén*) *v natchalié*
**au milieu/à la fin de** в середине/конце (+*gén*) *f siridinié/kantsé*
**aujourd'hui** сегодня *sivodnia*
**avant-hier** позавчера *pazaftchira*
**dans 2 jours** через два дня *tchiériés dva dnia*
**demain** завтра *zaftra*
**demain matin** завтра утром *zaftra outram*
**hier** вчера *ftchira*
**hier matin/soir/ après-midi** вчера утром/вечером/после обеда *ftchira outram/viétchiram/poslié abiéda*
**il y a ...** ...назад *... nazat*

## S'exprimer

**je suis né en ...**
я родился в ...
*ia radilsia v ...*

**on est le combien aujourd'hui ?**
сегодня какое число?
*sivodnia kakoié tchislo ?*

**j'ai passé un mois en Russie il y a quelques années**
я провёл (*m*)/провела (*f*) месяц в России несколько лет назад
*ia praviol/praviéla miésits v rasii niéskal'ka liét nazat*

**j'étais venu l'année dernière à la même époque**
я был в прошлом году в это же время
*ia byl f prochlam gadou v éta jé vriémia*

**on est mardi 1er mai**
сегодня вторник, первое мая
*sivodnia ftornik piérvaié maia*

**je reste jusqu'à dimanche**
я остаюсь до воскресенья
*ia astaious' da vaskriésiénia*

**on s'en va demain**
мы уезжаем завтра
*my ouézjaiém zaftra*

**j'ai déjà quelque chose de prévu mardi**
у меня уже есть планы на вторник
*ou minia oujé iést' plany na ftornik*

## Comprendre

**один раз** *adin ras* — une fois
**два раза** *dva raza* — deux fois

**три раза в день/в час**
*tri raza v dién'/f tchias*
trois fois par jour/heure

**каждый день/понедельник**
*kajdy dién'/poniédiél'nik*
tous les jours/lundis

**открыто в воскресенье утром**
*atkryta v vaskriésiénié outram*
ouvert le dimanche matin

**вы остаётесь до какого числа?**
*vy astaiotiés' da kakova tchisla ?*
vous restez jusqu'à quand ?

**когда вы снова уезжаете?**
*kagda vy snova ouiézjaiétié ?*
quand est-ce que vous repartez ?

**летом много фестивалей**
*liétam mnoga fiéstivaliéï*
il y a beaucoup de festivals pendant l'été

**люди ходят в/на ... в основном в субботу и в воскресенье, очень редко на неделе**
*lioudi hodiat v/na … v asnavnom f soubotou i v vaskriésiénié, otchién' riétka na niédiélié*
les gens sortent surtout le week-end, très peu en semaine

**это было построено в середине девятнадцатого века**
*éta bylo pastroiéna f siériédinié divitnatsatava viéka*
ça a été construit au milieu du XIXe siècle

**это выходит раз в две недели**
*éta vyhodit ras v dvié niédiéli*
ça sort une fois toutes les deux semaines

# L'HEURE

**Comment dire l'heure**

Pour indiquer l'heure, on utilise le nombre cardinal au nominatif suivi du mot **час** (heure) décliné (voir le chapitre Nombres) :
**сейчас десять часов утра** il est dix heures du matin
**сейчас четыре часа дня** il est quatre heures de l'après-midi
**сейчас шесть часов вечера** il est six heures du soir

| | |
|---|---|
| **à l'heure** | **вовремя** *vovriémia* |
| **de l'après-midi** | **после обеда** *poslié abiéda* |
| **du matin** | **утра** *outra* |
| **être en avance** | **приходить раньше** *prihadit' ran'ché* |
| **être en retard** | **опоздать** *apazdat'* |
| **midi** | **полдень** *poldién'* |
| **minuit** | **полночь** *polnatch'* |
| **trois quarts d'heure** | **три четверти часа** *tri tchiétvirti tchisa* |
| **une demi-heure** | **полчаса** *poltchisa* |
| **un quart d'heure** | **четверть часа** *tchiétvirt' tchisa* |
| **vingt minutes** | **двадцать минут** *dvatsat' minout* |

## S'exprimer

**quelle heure est-il ?**
**который час?**
*katory tchias ?*

**excusez-moi, est-ce que vous auriez l'heure, s'il vous plaît ?**
**извините, вы не скажете, который час?**
*izvinitié vy nié skajétié katory tchias ?*

**il est ...**
**сейчас ...**
*sitchias ...*

**trois heures pile**
**точно три часа**
*totch'na tri tchisa*

**presque treize heures**
почти час дня
*patchti tchias dnia*

**une heure et quart**
четверть второго
*tchiétvirt' ftarova*

**midi vingt**
двадцать минут первого
*dvatsat' minout piérvava*

**une heure et demie**
половина второго
*palavina ftarova*

**une heure dix**
десять минут второго
*diésit' minout ftarova*

**une heure moins le quart**
без четверти час
*biés tchiétvirti tchias*

**midi moins vingt**
без двадцати двенадцать
*biés dvatsati dviénatsat'*

**je suis arrivé vers deux heures**
я приехал к двум часам
*ia priiéhal k dvoum tchisam*

**je me suis couché vers les deux heures**
я лёг спать около двух часов ночи
*ia liok spat' okala dvouh tchisof notchi*

**j'ai mis le réveil à neuf heures**
я поставил *(m)*/поставила *(f)* будильник на девять часов
*ia pastavil/pastavila boudil'nik na diévit' tchisof*

**j'ai attendu vingt minutes**
я ждал *(m)*/ждала *(f)* двадцать минут
*ia jdal/jdala dvatsat' minout*

**le train a eu quinze minutes de retard**
поезд опоздал на пятнадцать минут
*poiést apazdal na pitnatsat' minout*

**je suis rentré il y a une heure**
я вернулся час назад
*ia viérnoulsia tchias nazat*

**on se retrouve dans une demi-heure ?**
мы встретимся через полчаса?
*my fstriétimsia tchiériés poltchisa ?*

**je serai de retour d'ici un quart d'heure**
я вернусь через четверть часа
*ia viérnous' tchiériés tchiétvirt' tchisa*

**il y a trois heures de décalage entre … et …**
**три часа разницы между … и …**
*tri tchisa raznitsy miéjdou … i …*

## Comprendre

| | |
|---|---|
| **отправление каждый час** | départ toutes les heures |
| **(окошко) открыто с десяти до четырёх без перерыва** | guichet ouvert de 10h à 16h sans interruption |

**... длится приблизительно полтора часа**
*… dlitsa priblizitiél'na paltara tchisa*
... dure environ une heure et demie

**... идёт каждый день в семь часов вечера**
*… idiot kajdy dién' f siém' tchisof viétchira*
... se joue tous les jours à 19h

**... открывается с десяти часов утра**
*… otkryvaiétsa s diésiati tchisof outra*
... ouvre à partir de 10h

**... снова открывается в два часа**
*… snova atkryvaiétsa v dva tchisa*
... rouvre à 2h

# LES NOMBRES

Quand on remplit les quittances, on écrit, par exemple, **150 руб.34 коп.** (150 roubles et 34 kopecks) et on prononce *sto pit'disi**a**t roubli**é**ï tritsat' tchit**y**rié kapi**é**ïki.*

Sur les tickets de caisse, on met un point là où on utilise une virgule en français. Par exemple, 1352,45 s'écrit **1352.45** et se dit **тысяча триста пятьдесят два сорок пять** *t**y**sitchia tr**i**sta pit'disi**a**t dva s**o**rak piat'* (on dit la somme sans indiquer "roubles" et "kopecks").

| | |
|---|---|
| **0** | **ноль** *nol'* |
| **1** | **один** *ad**i**n* |
| **2** | **два** *dva* |
| **3** | **три** *tri* |
| **4** | **четыре** *tchit**y**rié* |
| **5** | **пять** *piat'* |
| **6** | **шесть** *chest'* |
| **7** | **семь** *siém'* |
| **8** | **восемь** *v**o**siém'* |
| **9** | **девять** *di**é**vit'* |
| **10** | **десять** *di**é**sit'* |
| **11** | **одиннадцать** *ad**i**natsat'* |
| **12** | **двенадцать** *dvin**a**tsat'* |
| **13** | **тринадцать** *trin**a**tsat'* |
| **14** | **четырнадцать** *tchit**y**rnatsat'* |
| **15** | **пятнадцать** *pitn**a**tsat'* |
| **16** | **шестнадцать** *chésn**a**tsat'* |
| **17** | **семнадцать** *simn**a**tsat'* |
| **18** | **восемнадцать** *vasimn**a**tsat'* |
| **19** | **девятнадцать** *divitn**a**tsat'* |
| **20** | **двадцать** *dv**a**tsat'* |
| **21** | **двадцать один** *dv**a**tsat' ad**i**n* |
| **22** | **двадцать два** *dv**a**tsat' dva* |
| **30** | **тридцать** *tr**i**tsat'* |

| | |
|---|---|
| **35** | тридцать пять *tritsat' piat'* |
| **40** | сорок *sorak* |
| **50** | пятьдесят *pit'disiat* |
| **60** | шестьдесят *chéstdisiat* |
| **70** | семьдесят *siémdisiat* |
| **80** | восемьдесят *vosiémdisiat* |
| **90** | девяносто *divinosta* |
| **100** | сто *sto* |
| **101** | сто один *sto adin* |
| **200** | двести *dviésti* |
| **500** | пятьсот *pitsot* |
| **1 000** | тысяча *tysiatcha* |
| **2 000** | две тысячи *dvié tysiatchi* |
| **10 000** | десять тысяч *diésit' tysiatch* |
| **1 000 000** | миллион *milion* |
| **premier** | первый *piérvy* |
| **deuxième** | второй *ftaroï* |
| **troisième** | третий *triéti* |
| **quatrième** | четвёртый *tchitviorty* |
| **cinquième** | пятый *piaty* |
| **sixième** | шестой *chéstoï* |
| **septième** | седьмой *sid'moï* |
| **huitième** | восьмой *vas'moï* |
| **neuvième** | девятый *diviaty* |
| **dixième** | десятый *disiaty* |
| **vingtième** | двадцатый *dvatsaty* |
| **vingt et unième** | двадцать первый *dvatsat' piervy* |

**20 plus 3 égale 23**
двадцать плюс три равно двадцать три
*dvatsat' plious tri ravno dvatsat' tri*

**20 moins 3 égale 17**
двадцать минус три равно семнадцать
*dvatsat' minous tri ravno simnatsat'*

**20 multiplié par 4 égale 80**
двадцать умножить на четыре равно восемьдесят
*dvatsat' oumnojit' na tchityrié ravno vosimdisiat*

**20 divisé par 4 égale 5**
двадцать разделить на четыре равно пять
*dvatsat' razdilit' na tchityrié ravno piat'*

# DICTIONNAIRE

## FRANÇAIS/RUSSE



### A

**à: à Paris** в Париже *f parijé*; **à la gare** на вокзале *na vakzalié*; **à 2 km** в 2-х километрах *v dvouh kilamiétrah*; **je vais à Paris/à la gare** я еду в Париж/на вокзал *ia iédou f parich/na vakzal*; **à 3 h** в три часа *f tri tchisa*
**abbaye** аббатство *(n) abatstva*
**abeille** пчела *(f) ptchila*
**abîmé** испорченный *isportchiny*
**abord: d'abord** сначала *snatchiala*
**abordable** доступный *dastoupny*
**abricot** абрикос *(m) abrikos*
**accélérateur** педаль *(f)* газа *piédal' gaza*
**accent** акцент *(m) aktsént*
**accepter** принимать/принять *prinimat'/priniat'* **38**, **84**
**accès** доступ *(m) dostoup* **114**
**accident** несчастный случай *(m) niéchiasny sloutchiaï* **33**
**accompagner** сопровождать/сопроводить *sapravajdat'/sapravadit'*; *(pour un court trajet)* провожать/проводить *pravajat'/pravadit'*
**accord: d'accord** ладно *ladna*; **je suis d'accord** я согласен *(m)*/согласна *(f) ia saglasién/saglasna* **21**
**accueil** приём *(m) priiom*
**accueillant** гостеприимный *gastipriimny*
**acheter** покупать/купить *pakoupat'/koupit'* **82**, **85**, **100**
**adaptateur** переходник *(m) piériéhadnik*
**addition** счёт *(m) chiot* **52**
**adolescent, -e** подросток *(mf) padrostak*
**adorer** обожать *abajat'* **20**
**adresse** адрес *(m) adris*
**adresse e-mail** адрес *(m)* e-mail *adris i méil* **19**
**adulte** взрослый *(m) vzrosly*, взрослая *(f) vzroslaia*
**aéroport** аэропорт *(m) aéraport*
**affaires** *(commerce)* бизнес *(m) biznés*; *(personnelles)* дела *(npl) diéla* **114**
**affiche** афиша *(f) aficha*
**affreux** ужасный *oujasny*
**âge** возраст *(m) vozrast*; **quel âge as-tu ?** сколько тебе лет? *skol'ka tibié liét ?* **17**
**agence de voyages** туристическое агентство *(n) touristitchiskaié agiénstva*
**aggraver (s')** ухудшаться/ухудшиться *ouhoutchatsa/ouhoutchytsa* **108**
**agneau** ягнёнок *(m) iégnionak*
**agréable** приятный *priiatny*
**agresser** нападать/напасть (на) *napadat'/napast' (na)* **113**
**aide** помощь *(f) pomach'*
**aider** помогать/помочь *pamagat'/pamotch'* **12**, **33**, **98**, **113**
**ail** чеснок *(m) tchisnok*
**ailleurs** в другом месте *v drougom miéstié*; **d'ailleurs** *(au fait)* впрочем *fprotchim*
**aimer** *(apprécier)* нравиться *nravitsa (imperf)* **20**, **66**, **87**; *(d'amour)* любить *lioubit' (imperf)*; **j'aimerais** я хотел *(m)*/хотела *(f)* бы *ia hatiél/hatiéla by* **8**, **40**
**air** воздух *(m) vozdouh*; **en plein air** на воздухе *na vozdouhié* **79**; **avoir l'air** выглядеть *vygliadiét'*
**alcool** спирт *(m) spirt*
**alcool à 90°** чистый спирт *(m) tchisty spirt*
**algues** водоросли *(fpl) vodarasli*
**Allemagne** Германия *(f) girmaniia*
**Allemand, -e** немец *(m) niémiéts*, немка *(f) niémka*
**allemand** немецкий *nimiétski*
**aller** *(n)* билет *(m)* туда *biliét touda*
**aller** *(v)* ехать/поехать *iéhat'/paiéhat'*; *(à pied)* идти/пойти *iti/païti*; **comment allez-vous ?** как дела? *kak diéla ?*; **je vais bien** я чувствую себя хорошо *ia tchioustvouiou sibia haracho*; **ça va ?** как дела? *kak diéla ?*; **ça va** хорошо *haracho*; **ça vous va ?** это вам подходит? *éta vam pathodit ?*; **ça vous va bien** это вам идёт *éta vam idiot*;

**s'en aller** уезжать/уехать *ouiézjat'/ouiéhat'*; *(à pied)* уходить/уйти *ouhadit'/ouïti*
**allergique** аллергический *aliérgitchiski* **110**
**aller-retour** *(billet)* билет *(m)* туда и обратно *biliét touda i abratna*
**allô** алло *alo* **102**
**allumer** *(feu, cigarette)* зажигать/зажечь *zajygat'/zajiétch'*; *(lumière)* включать/включить *fklioutchiat'/fklioutchit'*
**allumette** спичка *(f) spitch'ka*
**alors** тогда *tagda*
**alphabet** алфавит *(m) alfavit*
**amande** миндаль *(m) mindal'*
**ambassade** посольство *(n) pasol'stva*
**ambiance** обстановка *(f) apstanofka* **21**
**ambulance** скорая помощь *(f) skoraia pomach'* **107**
**amende** штраф *(m) chtraf*
**amener** приводить/привести *privadit'/priviésti*
**amer** горький *gor'ki*
**Américain, -e** американец *(m) amiérikaniéts*, американка *(f) amiérikanka*
**américain** американский *amiérikanski*
**ami, -e** друг *(m) drouk*, подруга *(f) padrouga* **18**; **petit ami** молодой человек *(m) maladoï tchiélaviék*; **petite amie** девушка *(f) diévouchka*
**amour** любовь *(f) lioubof'*
**ampoule** *(électrique)* лампочка *(f) lampatch'ka*; *(sur la peau)* волдырь *(m) valdyr'*
**amusant** забавный *zabavny*
**amuser (s')** веселиться *viésiélitsa* **21**
**an** год *(m) got*; **j'ai 22 ans** мне двадцать два года *mnié dvatsat' dva goda*
**ananas** ананас *(m) ananas*
**ancien** старинный *stariny*
**anesthésie** анестезия *(f) anéstéziia*
**angine** ангина *(f) angina*
**Anglais, -e** англичанин *(m) anglitchianin*, англичанка *(f) anglitchianka*
**anglais** английский *angliski*
**Angleterre** Англия *(f) angliia*
**animal** животное *(n) jyvotnaié*
**animé** *(lieu)* оживлённый *ajyvliony*
**année** год *(m) got*; **bonne année !** с Новым годом! *s novym godom !*
**anniversaire** день *(m)* рождения *dién' rajdiéniia*; **bon anniversaire !** с днём рождения! *s dniom rajdiéniia !*
**annuaire** телефонный справочник *(m) tiéliéfony spravatch'nik*
**annuler** отменять/отменить *atminiat'/atminit'*
**antibiotique** антибиотик *(m) antibiotik* **108**
**antique** древний *driévni*
**Antiquité** древность *(f) driévnast'*
**août** август *(m) avgoust*
**apéritif** аперитив *(m) apiéritif*
**appareil: qui est à l'appareil ?** кто говорит? *kto gavarit ?* **101**
**appareil photo** фотоаппарат *(m) fataaparat* **90**, **91**
**appartement** квартира *(f) kvartira*
**appel** *(téléphonique)* звонок *(m) zvanok*
**appeler** *(faire venir)* звать/позвать *zvat'/pazvat'*; *(au téléphone)* звонить/позвонить *zvanit'/pazvanit'* **102**; **s'appeler** *(se nommer)* звать/назвать *zvat'/nazvat'*; *(s'intituler)* называться *nazyvatsa*
**appendicite** аппендицит *(m) apiénditsyt*
**appétit: bon appétit !** приятного аппетита! *priiatnava apiétita !*
**apporter** приносить/принести *prinasit'/priniésti* **47**, **50**, **68**
**apprendre** учить/выучить *outchit'/vyoutchit'* **12**
**après** после *poslié*
**après-demain** послезавтра *posliézaftra*
**après-midi** после обеда *poslié abiéda*
**appuyer (sur)** нажимать/нажать (на) *najymat'/najat' (na)*
**araignée** паук *(m) paouk*
**arbre** дерево *(n) diériéva*
**argent** *(métal)* серебро *(n) siériébro*; *(monnaie)* деньги *(pl) dién'gi* **83**
**arnaque** обман *(m) abman* **21**
**arrêt** остановка *(f) astanofka*; **sans arrêt** без остановки *biéz astanofki*
**arrêt de bus** остановка *(f)* автобуса *astanofka aftobousa* **30**
**arrêter** останавливать/остановить *astanavlivat'/astanavit'*; **s'arrêter** останавливаться/остановиться *astanavlivatsa/astanavitsa* **76**
**arrivée** приезд *(m) priiést*
**arriver** приезжать/приехать *priiézjat'/priiéhat'* **18**, **27**; *(à pied)* приходить/прийти *prihadit'/priïti*; *(se passer)* случаться/случиться *sloutchiatsa/sloutchitsa*; **arriver à** *(parvenir à)* мочь/смочь; **je n'arrive pas à l'ouvrir** я не могу это открыть *ia nié magou éta atkryt'*

**art** искусство *(n) iskoustva*

**article** *(achat)* изделие *(n) izdiéliié*

**articuler** чётко произносить *(imperf) tchiotka praiznasit'*

**artisanal** кустарный *koustarnyn*

**ascenseur** лифт *(m) lift*

**Asie** Азия *(f) aziia*

**aspirine** аспирин *(m) aspirin*

**asseoir (s')** садиться/сесть *saditsa/siést'*

**assez** *(suffisamment)* достаточно *dastatch'na* **47**; *(plutôt)* довольно *davol'na*; **assez de** достаточно *(+gén) dastatatch'na* **83**

**assiette** тарелка *(f) tariélka*

**assurance** страховка *(f) strahofka* **114**

**assurance tous risques** страховка *(f)* от всех рисков *strahofka at fsiéh riskaf* **34**

**asthme** астма *(f) astma* **108**

**Atlantique: l'océan Atlantique** Атлантический океан *(m) atlantitchiski akian*

**attendre** ждать/подождать *jdat'/padajdat'* **118**, **122**; **attendre quelqu'un/quelque chose** ждать кого-то/чего-то *jdat' kavo ta/tchivo ta*

**attention: faire attention** обращать внимание *(imperf) abrachiat' vnimaniié*; **attention !** осторожно! *astarojna !*

**attrape-touristes** приманка *(f)* для туристов *primanka dlia touristaf*

**auberge de jeunesse** турбаза *(f) tourbaza* **42**

**aubergine** баклажан *(m) baklajan*

**aucun, -e** никакой *nikakoï*, никакая *nikakaia*; **aucune idée** не знаю *nié znaiou*

**aujourd'hui** сегодня *sivodnia* **119**

**aussi** тоже *tojé*; **moi aussi** я тоже *ia tojé*; **aussi bien que** как и *kak i*

**auteur** автор *(m) aftar*

**authentique** подлинный *podliny*

**autobus** автобус *(m) aftobous*

**automne** осень *(f) osin'*

**autoroute** автострада *(f) aftastrada*

**autre** другой *drougoï*; **un(e) autre** другой *drougoï*, другая *drougaia* **38**, **40**, **47**, **51**; **d'autres** другие *drougiié*; **autre chose** что-то другое *chto ta drougoié*

**Autriche** Австрия *(f) afstriia*

**avance: à l'avance** заранее *zaraniéié* **66**; **en avance** раньше времени *ran'ché vriémiéni*

**avant** раньше *ran'ché*; **avant de** до *(+gén) do*; **roue avant** переднее колесо *(n) piériédniéié kaliéso*

**avant-hier** позавчера *pazaftchira*

**avec** с *(+instr) s*

**avenue** проспект *(m) praspiékt*

**aveugle** слепой *sliépoï*

**avion** самолёт *(m) samaliot*; **par avion** *(courrier)* авиапочтой *aviapotch'taï* **96**

**avis: changer d'avis** передумать *(perf) piériédoumat'*

**avocat** *(fruit)* авокадо *(n) avakada*

**avoir: j'ai** у меня есть *ou minia iést' (voir grammaire)*

**avril** апрель *(m) apriél'*

## B

**baby-sitter** няня *(f) niania*

**bagages** багаж *(m) bagach* **27**

**bagages à main** ручная кладь *(f) routch'naia klat'* **27**

**bagarre** драка *(f) draka*

**bague** кольцо *(n) kal'tso*

**baguette** батон *(m) baton*

**baigner (se)** купаться/выкупаться *koupatsa/vykoupatsa*

**bain** ванна *(f) vana*; **prendre un bain** принимать/принять ванну *prinimat'/priniat' vanou*

**balader (se)** гулять/погулять *gouliat'/pagouliat'*

**balcon** балкон *(m) balkon*

**balle** мячик *(m) miatchik*

**ballon** мяч *(m) miatch'*

**banane** банан *(m) banan*

**bandage** повязка *(f) paviaska*

**banlieue** пригород *(m) prigarat*

**banque** банк *(m) bank* **92**

**bar** бар *(m) bar*

**barbe** борода *(f) barada*

**bas:** *(adv)* **en bas** внизу *vnizou*

**bas** *(adj)* низкий *niski*

**basilique** собор *(m) sabor*

**basket** *(sport)* баскетбол *(m) baskiétbol*

**baskets** *(chaussures)* кеды *(mpl) kiédy*

**bateau** пароход *(m) parahot*

**bâtiment** здание *(n) zdaniié*

**bâton de ski** лыжная палка *(f) lyjnaia palka*

**batterie** аккумулятор *(m) akoumouliatar* **33**

**beau** красивый *krasivy*

**beaucoup (de)** много *(+gén) mnoga*; **beaucoup plus** гораздо больше *garazda bol'ché*

**bébé** ребёнок *(m) ribionak*

**Belge** бельгиец *(m) biél'giiéts*, бельгийка *(f) biél'giika*

**belge** бельгийский *biél'giiski*

**Belgique** Бельгия *(f) biél'giia*
**belvédère** терраса *(f) tiérasa*
**besoin: j'ai besoin d'un renseignement** мне нужно узнать *mnié noujna ouznat'*
**bête** *(adj)* глупый *gloupy*
**beurre** масло *(n) masla*
**biberon** бутылочка *(f) boutylatch'ka*
**bicyclette** велосипед *(m) viélasipiét*
**Biélorussie** Белоруссия *(f) biélarousiia*
**bien** хорошо *haracho*; **j'aimerais bien ...** мне хотелось бы ... *mnié hatiélas' by ...* **65**; **bien sûr** конечно *kaniéchna*
**bientôt** скоро *skora* **103**; **à bientôt !** до скорого! *da skorava !*
**bienvenue !** добро пожаловать! *dabro pajalavat' !*
**bière** пиво *(n) piva*
**bijouterie** ювелирный магазин *(m) iouviélirny magazin*
**bijoux** ювелирные изделия *(npl) iouviélirnyié izdiéliia*
**billet** *(de transport)* билет *(m) biliét* **25**; *(de banque)* бумажные деньги *(pl) boumajnyié dién'gi*
**billetterie** билетная касса *(f) biliétnaia kasa*
**biscuit** печенье *(n) piétchiénié*
**biscuit salé** солёное печенье *(n) salionaié piétchiénié*
**bise** поцелуй *(m) patséloui*; **faire la bise à quelqu'un** целовать/поцеловать кого-то *tsélavat'/patsélavat' kavo ta*
**blanc** белый *biély*
**blessé** раненый *raniény*
**bleu** *(n) (sur la peau)* синяк *(m) siniak*
**bleu** *(adj) (couleur)* синий *sini*; *(steak)* слегка обжаренный *sliéhka abjariény*
**blond** светлый *sviétly*
**bloqué** *(circulation)* пробка *(f) propka*; **c'est bloqué** заело *zaiéla* **98**
**blouson** куртка *(f) kourtka*
**bœuf** *(viande)* говядина *(f) gaviadina*
**boire** пить/выпить *pit'/vypit'* **46**
**bois** *(forêt)* лес *(m) liés*; *(matière)* дерево *(n) diérieva*
**boisson** напиток *(m) napitak*
**boîte** *(caisse)* коробка *(f) karopka*
**boîte aux lettres** почтовый ящик *(m) patch'tovy iachik* **95**
**boîte de conserve** консервная банка *(f) kansiérvnaia banka*
**boîte de nuit** дискотека *(f) diskatiéka* **68**
**boîte de vitesses** коробка *(f)* скоростей *karopka skarastiéï* **34**

**bol** чашка *(f) tchiachka*
**bon** *(savoureux)* вкусный *fkousny*; *(exact)* точный *totch'ny*; **bon marché** дешёвый *dichiovy*
**bonbon** конфета *(f) kanfiéta*
**bondé** переполненный *piériépolniény*
**bonjour** *(le matin)* доброе утро *dobraié outra*; *(l'après-midi)* добрый день *dobry dién'*
**bonnet** шапка *(f) chapka*
**bonsoir** добрый вечер *(m) dobry viétchir*
**bord** берег *(m) biériék*
**bosse** шишка *(f) chychka*
**bottes** сапоги *(mpl) sapagi*
**bouche** рот *(m) rot*
**boucherie** мясной магазин *(m) miasnoï magazin*
**bouchon** пробка *(f) propka*
**boucles d'oreilles** серьги *(fpl) siér'gi*
**boue** грязь *(f) grias'*
**bouée** спасательный круг *(m) spasatiél'ny krouk*
**bougie** свеча *(f) svitchia*
**boulangerie** булочная *(f) boulatch'naia*
**boules Quiès®** беруши *(pl) biérouchy*
**bout: un bout de ...** кусок ... *(+gén) kousok ...*; **au bout de la rue** в конце улицы *f kantsé oulitsy*
**bouteille** бутылка *(f) boutylka* **49**
**bouteille de gaz** баллон *(m)* газа *balon gaza*
**boutique** магазин *(m) magazin*
**bouton** *(sur la peau)* прыщ *(m) prych'*; *(de vêtement)* пуговица *(f) pougavitsa*; *(d'un appareil)* кнопка *(f) knopka*
**bracelet** браслет *(m) brasliét*
**branché** *(à la mode)* модный *modny*
**brancher** включать/включить *fkliou-tchiat'/fklioutchit'* **104**
**bras** рука *(f) rouka*
**bravo !** браво! *brava !*
**briquet** зажигалка *(f) zajygalka*
**brochure** брошюра *(f) brachoura*
**brocoli** броколи *(pl) brokali*
**bronchite** бронхит *(m) branhit*
**brosse** *(à cheveux)* щётка *(f) chiotka*
**brosse à dents** зубная щётка *(f) zoubnaia chiotka*
**brouillard** туман *(m) touman*
**bruit** шум *(m) choum*; **faire du bruit** шуметь *(imperf) choumiét'*
**brûler** гореть *(imperf) gariét'*; **se brûler** обжигаться *(imperf) abjygatsa*

**brûlure** ожог *(m) ajok*
**bruyant** шумный *choumny* **40**
**Bulgarie** Болгария *(f) balgariia*
**bureau de poste** почтовое отделение *(n) patch'tovaié atdiéliéniié*
**bureau de tabac** табачный киоск *(m) tabatch'ny kiosk*
**bus** автобус *(m) aftobous*
**byzantin** византийский *vizantiïski*

# C

**ça** это *éta*
**cabine d'essayage** примерочная *(f) primiératch'naia* **87**
**cabine téléphonique** телефон-автомат *(m) tilifon-aftamat* **100**
**cacahouètes** арахис *(m) arahis*
**Caddie®** тележка *(f) tiliéchka*
**cadeau** подарок *(m) padarak* **88**
**cafard** таракан *(m) tarakan*
**café** *(boisson)* кофе *(m) kofié*; *(lieu)* кафе *(n) kafé* **66**
**café au lait** кофе *(m)* с молоком *kofié s malakom*
**café crème** кофе *(m)* со сливками *kofié sa slifkami*
**café Internet** интернет-кафе *(n) intérnét kafé* **97**
**cahier** тетрадь *(f) tiétrat'*
**caisse** *(boîte)* ящик *(m) iachik*; *(où payer)* касса *(f) kasa*
**caleçon** *(sous-vêtement)* трусы *(pl) trousy*; *(de bain)* плавки *(pl) plafki*
**caleçon long** кальсоны *(pl) kal'sony*
**calme** спокойный *spakoïny*
**caméra** камера *(f) kamiéra*
**camion** грузовик *(m) grouzavik*
**cambriolage** ограбление *(n) agrabliéniié*
**campagne: vivre à la campagne** жить за городом *jyt' za garadam*; **aller à la campagne** ехать/поехать за город *iéhat'/paiéhat' za garat*
**camping** *(activité)* кемпинг *(m) kiémpink*; *(terrain)* площадка *(f)* для кемпинга *plachiatka dlia kiémpinga* **44**; **faire du camping** жить в палатке *jyt' f palatkié*
**camping-car** автофургон *(m)* для кемпинга *aftafourgon dlia kiémpinga*
**camping-gaz®** походная газовая плитка *(f) pahodnaia gazavaia plitka*
**canard** утка *(f) outka*
**car** *(bus)* междугородный автобус *(m) miéjdougarodny aftobous*
**carafe** графин *(m) grafin*
**caravane** прицеп фургон *(m) pritsép fourgon*
**cardiaque** сердечник *(m) siérdiétch'nik* **108**
**carie: j'ai une carie** у меня кариес *ou minia kariiés*
**carnet de tickets** книжечка *(f) knijétch'ka*
**carotte** морковь *(f) markof'*
**carte** *(menu)* меню *(n) miéniou*; *(géographique, à jouer)* карта *(f) karta*; *(papiers)* карточка *(f) kartatch'ka*
**carte de crédit** кредитная карточка *(f) kriéditnaia kartatch'ka* **38**, **52**, **84**, **93**
**carte de téléphone** телефонная карточка *(f) tilifonaia kartatch'ka* **100**
**carte de visite** визитка *(f) vizitka*
**carte d'identité** удостоверение *(n)* личности *oudastaviériéniié litch'nasti*
**carte postale** открытка *(f) atkrytka*
**cas: au cas où** на всякий случай *na fsiaki sloutchiaï*; **en cas de …** в случае … *(+gén) (f) sloutchiaié …* **110**
**casque** шлем *(m) chliém*
**casquette** кепка *(f) kiépka*
**cassé** сломанный *slomany*
**casser** ломать/сломать *lamat'/slamat'* **43**, **107**, **se casser la jambe** сломать себе ногу *slamat' sibié nogou*
**casserole** кастрюля *(f) kastrioulia*
**cassette** (аудио)кассета *(f) (aoudia)kasiéta*
**cassette vidéo** видеокассета *(f) vidiéakasiéta*
**cathédrale** собор *(m) sabor*
**Caucase** Кавказ *(m) kafkas*
**cause: à cause de** из-за *(+gén) iz za*
**caution** залог *(m) zalok*
**CD** компакт-диск *(m) kampakt-disk*
**ce:** *(impersonnel)* **c'est** это *éta*
**ce, cette** этот *état*, эта *éta*, это *éta (voir grammaire)*
**ceinture** пояс *(m) poias*
**ceinture de sécurité** ремень *(m)* безопасности *riémién' biézapasnasti*
**cela** это *(n) éta*
**célibataire** холостой *halastoï*
**celui-ci, celle-ci** этот *état*, эта *éta*, это *éta (voir grammaire)*
**celui-là, celle-là** тот *tot*, та *ta*, то *to (voir grammaire)*
**cendrier** пепельница *(f) piépiél'nitsa*
**centimètre** сантиметр *(m) santimiétr*
**centre** центр *(m) tséntr* **40**, **43**
**centre commercial** торговый центр *(m) targovy tséntr*

**centre-ville** центр *(m)* города *tséntr goruda*
**céréales** хлопья *(pl) hlop'ia*
**cerise** вишня *(f) vichnia*
**certain** некоторый *niékatary*; *(sûr)* уверен *ouviérién*
**ces** эти *éti*
**ceux-ci, celles-ci** эти *éti*
**ceux-là, celles-là** те *tié*
**chacun** каждый *kajdy*
**chaîne** программа *(f) pragrama*; *(hi-fi)* музыкальный центр *(m) mouzykal'ny tséntr*; *(de vélo)* цепь *(f) tsép'*
**chaise** стул *(m) stoul*
**chaleur** жара *(f) jara*
**chambre** комната *(f) komnata* **39**
**chambre à air** воздушная камера *(f) vazdouchnaia kamiéra*
**chambre d'hôtes** комната *(f)* в наём *komnata v naiom*
**champagne** шампанское *(n) champanskaié*
**champignon** грибы *(mpl) griby*
**chance** удача *(f) oudatchia*; **bonne chance !** удачи! *oudatchi !*; **j'ai de la chance** мне везёт *mnié viziot*
**changement** перемена *(f) piériémiéna* **31**
**changer** менять/обменять *miniat'/abminiat'* **93**; **se changer** переодеваться/переодеться *piérіéadiévatsa/piérіéadiétsa*
**chanson** песня *(f) piés'nia*
**chanter** петь *piét' (imperf)*
**chapeau** шляпа *(f) chliapa*
**chapeau de soleil** шляпа *(f)* от солнца *chliapa at sontsa*
**chapelle** часовня *(f) tchisovnia*
**chaque** каждый *kajdy*; **chaque fois** каждый раз *kajdy ras*; **chaque jour** каждый день *kajdy dién'*
**charcuterie** *(rayon de magasin)* колбасный (отдел) *(m) kalbasny (atdiél)*; *(produits)* колбасные изделия *(npl) kalbasnyié izdiéliian*
**chasse d'eau** спуск *(m)* воды *spousk vady*
**chat** кот *(m) kot*
**château** замок *(m) zamak*
**chaud** жаркий *jarki*; **il fait chaud** жарко *jarka*; **boissons chaudes** горячие напитки *(mpl) gariatchiié napitki*
**chauffage** отопление *(n) ataplіéniié*
**chauffe-eau** водонагреватель *(m) vadanagriévatiél'*
**chauffeur de taxi** водитель *(m)* такси *vaditiél' taksi*
**chaussettes** носки *(mpl) naski*
**chaussures** обувь *(f) obouf'*
**chaussures de marche** обувь *(f)* для ходьбы *obouf' dlia had'by*
**chaussures de ski** лыжные ботинки *(mpl) lyjnyié batinki*
**chef** *(dirigeant)* начальник *(m) natchial'nik*; *(cuisinier)* шеф-повар *(m) chéf povar*
**chemin** путь *(m) pout'* **78**; *(direction)* направление *(n) napravliéniié*
**cheminée** камин *(m) kamin*
**chemise** рубашка *(f) roubachka*
**chemise de nuit** ночная рубашка *(f) natch'naia roubachka*
**chèque** чек *(m) tchiék*
**chèque de voyage** дорожный чек *(m) darojny tchiék*
**cher** дорогой *daragoï*
**chercher** искать *(imperf) iskat'* **13**, **82**, **87**, **88**; **aller chercher quelqu'un/quelque chose** идти за кем-то/чем-то *iti za kiém ta/tchiém ta*
**cheval** лошадь *(f) lochat'*
**cheveux** волосы *(mpl) volasy*
**cheville** лодыжка *(f) ladychka*
**chèvre** коза *(f) kaza*
**chewing-gum** жвачка *(f) jvatch'ka*
**chez** у *(+gén) ou* **69**, **101**; **chez moi** дома *doma*
**chic** шикарный *chykarny*
**chien** собака *(f) sabaka*
**Chine** Китай *(m) kitaï*
**Chinois, -e** китаец *(m) kitaiéts*, китаянка *(f) kitaianka*
**chinois** китайский *kitaïski*
**chips** чипсы *(mpl) tchipsy*
**choc** удар *(m) oudar*
**chocolat** шоколад *(m) chakalat*
**chocolat au lait** молочный шоколад *(m) malotch'ny chakalat*
**chocolat chaud** горячий шоколад *(m) gariatchi chakalat*
**chocolat noir** чёрный шоколад *(m) tchiorny chakalat*
**choisir** выбирать/выбрать *vybirat'/vybrat'* **49**, **50**
**choix** выбор *(m) vybar*
**cholestérol** холестерин *(m) haliéstiérin*
**chose** вещь *(f) viéch'*
**chou** капуста *(f) kapousta*
**chou-fleur** цветная капуста *(f) tsviétnaia kapousta*
**cidre** сидр *(m) sidr*
**ciel** небо *(n) niéba*

**cigare** сигара *(f) sigara*
**cigarette** сигарета *(f) sigariéta*
**cimetière** кладбище *(n) kladbichié*
**cinéma** кино *(n) kino*
**cintre** вешалка *(f) viéchalka*
**circulation** *(de voitures)* дорожное движение *(n) darojnaié dvijéniié*; *(du sang)* кровообращение *(n) kravaabrachiéniié*
**cirque** цирк *(m) tsyrk*
**ciseaux** ножницы *(pl) nojnitsy*
**citron** лимон *(m) limon*
**citron vert** зелёный лимон *(m) zilionу limon*
**clair** светлый *sviétly*; **bleu clair** голубой *galouboï*
**classe: première/deuxième classe** первый/второй класс *piérvy/ftaroï klas*
**classe affaires** бизнес класс *(m) biznés klas*
**classe économique** экономический класс *(m) ékanamitchiski klas*
**classique** классический *klasitchiski*
**clé** ключ *(m) klioutch'* **33**, **40**, **43**
**cliché** *(n)* негатив *(m) niégatif*
**clignotant** поворотник *(m) pavarotnik*
**climat** климат *(m) klimat*
**climatisation** кондиционер *(m) kanditsyanier* **40**
**cloche** колокол *(m) kolakal*
**clocher** колокольня *(f) kalakol'nia*
**club** клуб *(m) kloup*
**Coca®** кока-кола *(f) koka kola*
**cochon** свинья *(f) svinia*
**code confidentiel** секретный код *(m) sikriétny kot*
**code d'entrée** входной код *(m) fhadnoï kot*
**code postal** почтовый индекс *(m) patch'tovy indéks*
**cœur** сердце *(n) siértsé*
**coffre** *(de voiture)* багажник *(m) bagajnik*
**cognac** коньяк *(m) kan'iak*
**coiffeur** парикмахер *(m) parikmahiér*
**coin** *(angle)* угол *(m) ougal*; *(endroit)* место *(n) miésta*
**coincé** застрял *zastrial*
**colère: il est en colère** он сердится *on siérditsa*
**colis** посылка *(f) pasylka*
**collants** колготки *(pl) kalgotki*
**colle** клей *(m) kliéï*
**collège** школа *(f) chkola*
**collier** бусы *(pl) bousy*
**colline** холм *(m) holm*
**colonie de vacances** летний лагерь *(m) liétni lagiér'*
**combien** сколько *skol'ka* **44**, **52**; **combien ça coûte ?** сколько это стоит? *skol'ka éta stoit ?* **76**; **combien de temps ... ?** сколько времени...? *skol'ka vriémiéni ... ?* **33**; **depuis combien de temps ?** уже сколько времени? *oujé skol'ka vriémiéni ?* **93**; **on est le combien ?** какое сегодня число? *kakoié sivodnia tchislo ?*
**combinaison de plongée** водолазный костюм *(m) vadalazny kastioum*
**commander** *(nourriture)* заказывать/заказать *zakazyvat'/zakazat'* **50**
**comme** *(pareillement)* как *kak*; *(parce que)* так как *tak kak*
**commencer** начинать/начать *natchinat'/natchiat'* **108**
**comment** как *kak*
**commerces** магазины *(mpl) magaziny*
**commissariat** отделение *(n)* милиции *atdiéliéniié militsyi* **113**
**commission** *(de change)* комиссионный сбор *(m) kamisiony sbor* **93**
**compagnie aérienne** авиакомпания *(f) aviakampaniia*
**compartiment** купе *(n) koupé*
**complet** *(plein)* мест нет *miést niét* **41**
**complètement** совершенно *savierchiénna*
**comprendre** понимать/понять *panimat'/paniat'* **10**, **21**
**comprimé** таблетка *(f) tabliétka*
**compris** *(service, assurance)* включено в цену *fklioutchino f tsénou* **52**; **tout compris** всё включено *fsio fklioutchino*
**comptant: payer comptant** платить наличными *platit' nalitch'nymi*
**compte: travailler à son compte** работать на свой счёт *rabotat' na svoï chiot*
**compte bancaire** банковский счёт *(m) bankafski chiot*
**compter** считать *(imperf) chitat'*; **compter sur** рассчитывать *(imperf)* на *(+acc) rachityvat' na*
**compteur électrique** электрический счётчик *(m) éliéktritchiski chiotchik*
**concert** концерт *(m) kantsért* **66**
**concombre** огурец *(m) agouriéts*
**conduire** водить *(imperf) vadit'*; *(quelqu'un, en voiture)* отвозить/отвезти *atvazit'/atviésti*; *(à pied)* отводить/отвести *atvadit'/atviésti*
**confiance** доверие *(n) daviériié*; **avoir confiance (en)** доверять/доверить *daviériat'/daviérit' (+dat)*

**confirmer** *(vol)* подтверждать/подтвердить *patviérjdat'/patviérdit'* **27**
**confiture** варенье *(n) varién'ié*
**confortable** удобный *oudobny*
**congélateur** морозильник *(m) marazil'nik*
**connaissance** *(personne)* знакомый *(m) znakomy*; **connaissances** *(savoir)* знания *(npl) znaniia*
**connaître** знать *znat'* **12**, **103**
**connu** известный *izviésny*
**conseil** совет *(m) saviét*; **demander conseil (à)** просить/попросить совета (у) *(+gén) prasit'/paprasit' saviéta (ou)*
**conseiller** советовать/посоветовать *saviétavat'/pasaviétavat'* **19**, **77**
**consigne** *(pour bagages)* камера *(f)* хранения *kamiéra hraniéniia*
**consommation** *(boisson)* напиток *(m) napitak*
**consommer** *(boire)* пить/выпить *pit'/vypit'*
**constipé: je suis constipé** у меня запор *ou minia zapor*
**construire: construit en ...** построен в ... *pastroién v ...*
**consulat** консульство *(n) konsoul'stva* **113**
**contact** контакт *(m) kantakt*; **rester en contact** поддерживать контакт *padiérjyvat' kantakt* **19**
**contacter** вступать *(imperf)* в контакт с *(+instr) fstoupat f kantakt s* **113**
**contagieux** заразный *zarazny*
**contemporain** современный *savriémiény*
**content** доволен *davolién*
**continuation: bonne continuation !** всего доброго! *fsiévo dobrava !*
**continuer à** продолжать/продолжить *pradaljat'/pradoljyt'*
**contraceptif** противозачаточное средство *(n) prativazatchiatatch'naié sriétstva*
**contraire** противоположный *prativapalojny*; **au contraire** наоборот *naabarot*
**contrat** контракт *(m) kantrakt*
**contre** против *protif* **110**
**coordonnées** координаты *(fpl) kaardinaty* **20**
**copain, -ine** приятель *(m) priiatiél'*, подруга *(f) padrouga*; **petit copain** молодой человек *(m) maladoï tchilaviék*; **petite copine** девушка *(f) diévouchka*
**coquillage** ракушка *(f) rakouchka*
**coquille Saint-Jacques** гребешок *(m) griébiéchok*
**corps** тело *(n) tiéla*
**correct** правильный *pravil'ny*
**correspondance** *(changement)* пересадка *(f) piériésatka* **27**
**Cosaque** казак *(m) kazak*, казачка *(f) kazatch'ka*
**côte** *(maritime)* берег *(m) biériék*; *(du corps)* ребро *(n) riébro*; **côte d'agneau** баранья отбивная *(f) barania atbivnaia*
**côté** сторона *(f) starana*; **à côté de** недалеко от *(+gén) niédaliéko at*
**côtelette** отбивная *(f) atbivnaia*
**coton** *(hydrophyle)* вата *(f) vata*; *(textile)* хлопок *(m) hlopak*
**coton-tige®** ватная палочка *(f) vatnaia palatch'ka*
**cou** шея *(f) chéia*
**couche** памперс *(m) pampiérs*
**coucher: se coucher** ложиться/лечь *lajytsa/liétch'* **117**; **coucher avec** спать с *(+instr) spat' s*
**couchette** спальное место *(n) spal'naié miésta*
**couleur** цвет *(m) tsviét*
**coup: ça vaut le coup** стоит *stoit*; **aller boire un coup** выпить *vypit'(perf)*
**coup de soleil** солнечный удар *(m) solniétch'ny oudar*; **prendre un coup de soleil** обгореть *(perf)* на солнце *abgariét'na sontsé*
**coupe-ongles** маникюрные кусачки *(pl) manikiournyié kousatch'ki*
**couper** резать *(imperf) riézat'*; **se couper** порезать *(perf)* себе *pariézat'sibié*; **coupé en tranches** нарезанный *nariézany*
**courage** храбрость *(f) hrabrast'*; **bon courage !** ни пуха ни пера! *ni pouha ni piéra!*
**courant: être au courant (de)** быть в курсе *(+gén) byt' f koursié*
**courgette** кабачок *(m) kabatchiok*
**courrier** почта *(f) potch'ta* **96**
**cours** *(leçon)* урок *(m) ourok* **76**, **79**
**courses** покупки *(fpl) pakoupki*; **faire des/les courses** делать *(imperf)* покупки *diélat' pakoupki* **37**
**court** короткий *karotki*
**couteau** нож *(m) noch*
**coûter** стоить *stoit'*; **combien ça coûte ?** сколько это стоит? *skol'ka éta stoit ?*
**couvert** *(n)* *(de table)* столовый прибор *(m) stalovy pribor*
**couvert** *(adj)* покрытый *pakryty*

DICTIONNAIRE FR-RUSSE

**couverture** одеяло *(n) adiéiala*
**crabe** краб *(m) krap*
**cravate** галстук *(m) galstouk*
**crayon** карандаш *(m) karandach*
**crème** крем *(m) kriém*
**crème à raser** крем *(m)* для бритья *kriém dlia britia*
**crème dépilatoire** крем *(m)* для эпиляции *kriém dlia épiliatsyi*
**crème fraîche** сметана *(f) smiétana*
**crème hydratante** увлажняющий крем *(m) ouvlajniaiouchi kriém*
**crème solaire** крем *(m)* от солнца *kriém at sontsa*
**crevé** *(pneu)* проколотый *prakolaty*; *(fatigué)* очень устал *otchin' oustal*
**crever** лопаться/лопнуть *lopatsa/lopnout'* **33**
**crevette** креветка *(f) kriéviétka*
**Crimée** Крым *(m) krym*
**crise** кризис *(m) krizis*
**crise cardiaque** сердечный приступ *(m) siérdiétch'ny pristoup*
**crise d'appendicite** приступ *(m)* аппендицита *pristoup apiénditsyta*
**critiquer** критиковать *kritikavat'*
**croire** думать *doumat'*; **je crois que** ... я думаю, что ... *ia doumaiou chto ...*
**croisière** круиз *(m) krouis*
**croix** крест *(m) kriést*
**crotte** грязь *(f) grias'*
**cru** сырой *syroï*
**crustacés** ракообразные *(pl) rakaabraznyié*
**cuillère** ложка *(f) lochka*
**cuillère à café** кофейная ложка *(f) kafiéïnaia lochka*
**cuillère à soupe** столовая ложка *(f) stalovaia lochka*
**cuir** кожа *(f) koja*
**cuire** *(à l'eau)* варить *(imperf) varit'*; *(frire)* жарить в масле *(imperf) jarit' v maslié*; *(au four)* печь *(imperf) piétch'*
**cuisine** кухня *(f) kouhnia*; **faire la cuisine** готовить/приготовить *gatovit'/prigatovit'*
**cuisse** ляжка *(f) liachka*
**cuit** жареный *jariény*; **bien cuit** хорошо прожаренный *haracho prajariény*; **trop cuit** пережаренный *piériéjariény*
**cuivre** медь *(f) miét'*
**culotte** трусики *(pl) trousiki*
**curé** священник *(m) sviéchiénik*
**cybercafé** интернет-кафе *(n) intérnét kafé*

# D

**dangereux** опасный *apasny*
**dans** в *v*, на *na*; **dans une heure** через час *tchiéris tchias*; **dans la soirée** вечером *viétchiram*
**danse** танец *(m) tanits*
**danser** танцевать *(imperf) tantsévat'*
**date** число *(n) tchislo*
**date de naissance** день *(m)* рождения *dién' rajdiéniia*
**date d'expiration** срок *(m)* истечения *srok istitchiéniia*
**date limite** предельный срок *(m) pridiél'ny srok*
**dater (de)** относиться к *(+dat) atnasitsa k*
**de: le vélo de David** велосипед Давида *viélasipiét davida*; **de ... à ...** от ... до ... *(+gén) at ... da...*; **du pain** хлеба *hliéba* **des œufs** яиц *iéits (voir grammaire)*
**débrouiller (se)** выходить из положения *vyhadit' is palajéniia* **12**
**début** начало *(n) natchiala*; **au début** в начале *v natchialié*; **en début de** в начале *(+gén) v natchalié*
**débutant** начинающий *natchinaiouchi*
**déca** кофе *(m)* без кофеина *biés kofiéina*
**décalage horaire** разница *(f)* во времени *raznitsa va vriémiéni*
**décapsuleur** открывашка *(f)* для бутылок *atkryvachka dlia boutylak*
**décembre** декабрь *(m) diékabr'*
**décevant** жаль *jal'*
**décider** решать/решить *richat'/richyt'*
**déclaration** заявление *(n) zaivliéniié* **27**, **114**
**déclarer** *(à la douane)* предъявлять/предъявить *priéd-iévliat'/priéd-iévit'*
**décoller** *(avion)* вылетать/вылететь *vyliétat'/vyliétiét'*
**découvrir** открывать/открыть *atkryvat'/atkryt'*
**déçu** разочарованный *razatchirovany*
**dedans** внутри *vnoutri*
**défaut** *(de fabrication)* брак *(m) brak*
**dégonflé** *(pneu)* сдутый *sdouty*
**degré** *(température)* градус *(m) gradous*
**dehors** на улице *na oulitsé*
**déjà** уже *oujé* **65**
**déjeuner** *(n)* обед *(m) abiét*
**déjeuner** *(v)* обедать *(imperf) abiédat'*
**délicieux** очень вкусный *otchin' fkousny*
**demain** завтра *zaftra*; **à demain !** до

завтра! *da zaftra !*; **demain soir** завтра вечером *zaftra viétchiram*
**demander** спрашивать/спросить *sprachyvat'/sprasit'*
**démanger** чесаться *tchisatsa* **108**
**demi** *(adj)* половина *(f) palavina*; **un demi-litre/-kilo** пол-литра/полкило *pol litra/polkilo*; **une demi-heure** полчаса *(f) poltchisa*; **une heure et demie** полтора часа *paltara tchisa*
**demi** *(n) (bière)* большая кружка *(f) bal'chaia krouchka*
**demi-pension** полупансион *(m) polou-pansion*
**demi-tour** *(en voiture)* разворот *(m) razvarot*
**dent** зуб *(m) zoup*
**dentifrice** зубная паста *(f) zoubnaia pasta*
**dentiste** зубной врач *(m) zoubnoï vratch'*
**déodorant** дезодорант *(m) dézadarant*
**dépannage (service de)** авторемонтная служба *(f) aftariémontnaia sloujba*
**départ** отъезд *(m) at-iést*
**dépêcher (se)** спешить/поспешить *spiéchyt'/paspiéchyt'*
**dépendre: ça dépend (de)** это зависит (от) *éta zavisit (at)*
**dépenser** тратить/потратить *tratit'/patratit'*
**dépliant** буклет *(m) boukliét* **25**
**déposer** *(quelqu'un)* отвозить/отвезти *atvazit'/atviésti* **34**
**depuis** с *(+gén) s*; **depuis que** с тех пор как *s tiéh por kak*; **depuis quand ?** с какого времени? *s kakova vriémiéni ?*
**déranger** мешать *(imperf) miéchat'*
**dernier** последний *pasliédni* **30**; **au dernier moment** в последний момент *(m) f pasliédni mamiént*; **l'année dernière** в прошлом году *(m) f prochlam gadou* **119**
**derrière** за *(+instr) za*
**des** *voir* **de**
**dès** с *(+gén) s*; **dès que** как только *kak tol'ka*
**désagréable** неприятный *niépriiatny*
**descendre** *(transports)* выходить/выйти *vyhadit'/vyïti* **30**
**désert** пустыня *(f) poustynia*
**désinfecter** дезинфицировать *diézin-fitsyravat'*
**désolé: je suis désolé** прости *prasti*; простите *prastitié*
**dessert** десерт *(m) disiért* **50**
**dessin** рисунок *(m) risounak*
**dessous** под *pod*; **en dessous (de)** под *(+instr) pod*
**dessus** над *nad*; **au-dessus (de)** над *(+instr) nad*
**destinataire** адресат *(m) adriésat*
**détendre (se)** расслабиться *(perf) raslabitsa*
**détester** ненавидеть *(imperf) niénavidiét'*
**devant** перед *(+instr) piériét*
**développer: faire développer** *(pellicule)* проявлять/проявить *praiévliat'/praiévit'* **91**
**devenir** становиться/стать *stanavitsa/stat'*
**devise** валюта *(f) valiouta*
**devoir: je dois** мне надо *mnié nada*; **tu dois** тебе надо *tibié nada*; **vous devriez ...** вам надо было бы... *vam nada byla by ...*; **je vous dois combien ?** сколько я вам должен? *skol'ka ia vam doljén ?*
**diabète** диабет *(m) diabét*
**diapositive** диапозитив *(m) diapasitif*
**diarrhée: j'ai la diarrhée** у меня понос *ou minia panos*
**dictionnaire** словарь *(m) slavar'*
**diesel** дизель *(m) dizil'*
**différent** разный *razny*; **c'est différent de ...** это отличается от ... *(+gén) éta atlitchiaiétsa at ...*
**difficile** трудный *troudny* **12**
**dimanche** воскресенье *(n) vaskriésiénié*
**diminuer** уменьшать/уменьшить *oumién'chat'/oumién'chyt'*
**dinde** индейка *(f) indiéïka*
**dîner** *(n)* ужин *(m) oujyn*
**dîner** *(v)* ужинать/поужинать *oujynat'/paoujynat'*
**dire** говорить/сказать *gavarit'/skazat'*; **vouloir dire** значить *znatchit'*; **comment dit-on ... ?** как сказать? *kak skazat' ?*; **ça te dit ?** это тебе нравится? *éta tibié nravitsa ?*
**direct** прямой *priamoï*
**directement** прямо *priama*
**direction** *(sens)* направление *(n) napravliéniié*; *(entreprise)* управление *(n) oupravliéniié*; **en direction de** в направлении *(+gén) v napravliénii*
**direction assistée** гидроусилитель *(m)* для руля *gidraousilitiél' dlia roulia*
**disparaître** исчезать/исчезнуть *ichiézat'/ichiéznout'* **113**
**disputer (se)** ссориться/поссориться *soritsa/pasoritsa*
**disquaire** продавец *(m)* дисков *pradaviéts diskaf*
**disque** диск *(m) disk*
**disque dur** жёсткий диск *(m) jostki disk*
**disquette** дискета *(f) diskiéta*

**distributeur (automatique de billets)** банкомат *(m) bankamat* **93**
**divorcé** разведённый *razviédiony*
**docteur** врач *(m) vratch'* **106**
**document** документ *(m) dakoumiént*
**doigt** палец *(m) palits*
**dommage: c'est dommage** жаль *jal'*; **quel dommage !** как жаль! *kak jal' !*
**donc** значит *znatchit*
**donner** давать/дать *davat'/dat'*
**dont: l'hôtel dont on m'a parlé** гостиница, о которой мне говорили *gastinitsa a katoraï mnié gavarili*
**dormir** спать *spat'*; **dormir à la belle étoile** спать под открытым небом *spat' pad atkrytym niébam*
**dos** спина *(f) spina*
**douane** таможня *(f) tamojnia*
**doublé** *(film)* дублированный *doubliravany*
**doucement** *(délicatement)* спокойно *spakoïna*; *(bas)* тихо *tiha*; *(lentement)* медленно *miédliéna*
**douche** душ *(m) douch*; **prendre une douche** принимать/принять душ *prinimat'/priniat' douch*
**draguer** кадрить *kadrit'*
**drap** простыня *(f) prastynia*
**drapeau** флаг *(m) flak*
**drogue** наркотик *(m) narkotik*
**droit** *(n)* право *(n) prava*; **avoir le droit de...** иметь право... *imiét' prava ...*
**droit** *(adj)* прямой *primoï*
**droit:** *(adv)* **tout droit** прямо *priama* **1**
**droite** правый *pravy*; **à droite (de)** справа от *(+gén) sprava at*
**drôle** *(amusant)* забавный *zabavny*; *(étrange)* странный *strany*
**du** *voir* **de**
**dur** *(solide)* твёрдый *tviordy*; *(difficile)* трудный *troudny*
**durée** длительность *(f) dlitiél'nast'*
**durer** длиться *(imperf) dlitsa* **25**, **72**

## E

**eau** вода *(f) vada*
**eau gazeuse** газированная вода *(f) gazirovanaia vada*
**eau minérale** минеральная вода *(f) miniéral'naia vada*
**eau plate** минеральная вода *(f)* без газа *miniéral'naia vada biés gaza*
**échanger** менять/поменять *miniat'/pamimiat'*
**écharpe** шарф *(m) charf*
**échecs** шахматы *(pl) chahmaty*
**école** школа *(f) chkola*
**écouter** слушать/послушать *slouchat'/paslouchat'*
**écrire** писать/написать *pisat'/napisat'* **11**, **37**, **84**, **102**
**effort** усилие *(n) ousiliié*; **faire un effort** сделать усилие *sdiélat' ousiliié*
**égal: ça m'est égal** мне всё равно *mnié fsio ravno*
**église** церковь *(f) tsérkaf'*
**électrique** электрический *éliéktritchiski*
**elle** она *ana (voir grammaire)*
**elles** они *ani (voir grammaire)*
**e-mail** e-mail *(m) i méil* **97**
**embarquement** посадка *(f) pasatka* **27**
**embarquer** садиться/сесть *saditsa/siést'* **27**
**embêtant** досадно *dasadna*
**embouteillage** пробка *(f) propka* **33**
**embrasser** целовать/поцеловать *tsélavat'/patsélavat'*
**embrayage** сцепление *(n) stséplieniié*
**émission** передача *(f) piériédatchia*
**emmener** *(en voiture)* подвозить/подвезти *padvazit'/padviésti* **33**, **34**
**emplacement** *(de camping)* место *(n) miésta* **44**
**emporter** брать/взять с собой *brat'/vziat' s saboï*; **à emporter** на вынос *na vynas*
**emprunter** занимать/занять *zanimat'/zaniat'*
**en** в *v*; **en France** во Франции *va frantsyi*; **en 1995** в 1995 году *f tysitchia divitsot divinosta piatam gadou*; **en anglais** по-английски *pa angliski*; **en voiture** на машине *na machynié*
**enceinte** *(adj)* беременная *biriéminaia* **108**
**enchanté !** очень приятно! *otchin' priiatna !*
**encore** ещё *ichio* **50**; **pas encore** ещё нет *ichio niét* **20**; **encore plus** ещё больше *ichio bol'ché*
**endormir (s')** засыпать/заснуть *zasypat'/zasnout'*
**énervant: c'est énervant** это раздражает *éta razdrajaiét*
**énerver** раздражать *(imperf) razdrajat'*
**enfant** ребёнок *(m) ribionak*
**enfin** наконец *nakaniéts*
**enflé** опухший *apouhchy*
**engueuler** ругать *(imperf) rougat'*
**enlever** снимать/снять *snimat'/sniat'*
**ennuyer (s')** скучать *(imperf) skoutchiat'* **21**
**enregistrement** *(des bagages)* регистрация *(f) riégistratsyia* **27**

**enregistrer** *(bagages)* регистрировать/зарегистрировать *riégistriravat'/zariégistriravat'*
**enrhumé: je suis enrhumé** у меня насморк *ou minia nasmark*
**ensemble** вместе *vmiéstié*
**ensuite** потом *patom*
**entendre** слышать/услышать *slychat'/ouslychat'*; **bien/mal s'entendre avec quelqu'un** хорошо/плохо ладить с кем-то *haracho/ploha ladit' s kiém ta*
**entier** целый *tsély*; **en entier** целиком *tsélikom*
**entracte** антракт *(m) antrakt*
**entre: entre midi et 2** между двенадцатью и двумя *miéjdou dvinatsatiou i dvoumia*; **entre 3 et 5 jours** три пять дней *tri piat' dniéï*
**entrée** *(lieu)* вход *(m) fhot*; *(de repas)* закуска *(f) zakouska*; *(ticket)* входной билет *(m) fhadnoï biliét*
**entrer** *(à pied)* входить/войти *fhadit'/vaïti*
**enveloppe** конверт *(m) kanviért*
**envie: j'ai envie de** мне хочется *mnié hotchitsa*
**environ** приблизительно *priblizitiél'na*; **dans les environs** в пригороде *v prigaradié*
**envoi** посылка *(f) pasylka*
**envoyer** посылать/послать *pasylat'/paslat'* **96**
**épaule** плечо *(n) pliétchio*
**épeler** диктовать по буквам *diktavat' pa boukvam*
**épice** пряность *(f) prianast'*
**épicé** острый *ostry*
**épicerie** бакалея *(f) bakaliéia*
**épileptique** эпилептик *(m) épiliéptik*
**épiler** удалять *(imperf)* волосы *oudaliat volasy*
**épinards** шпинат *(m) chpinat*
**éponge** губка *(f) goupka*
**épuisé** очень устал *otchin' oustal*
**équipe** команда *(f) kamanda*
**erreur** ошибка *(f) achypka* **52**
**escalade** альпинизм *(m) al'pinizm*
**escalier** лестница *(f) liésnitsa*
**Espagne** Испания *(f) ispaniia*
**Espagnol, -e** испанец *(m) ispaniéts*, испанка *(f) ispanka*
**espagnol** испанский *ispanski*
**espérer** надеяться *nadiéiatsa*; **j'espère que …** я надеюсь, что … *ia nadiéious', chto …*
**essayer** стараться/постараться *staratsa/pastaratsa*; *(vêtement)* мерить/померить *miérit'/pamiérit'* **87**; **essayer de faire quelque chose** стараться/постараться что-то сделать *staratsa/pastaratsa chto ta sdiélat'*
**essence** бензин *(m) biénzin*
**est: à l'est (de)** к востоку от *(+gén) k vastokou at*
**estomac** желудок *(m) jéloudak*
**et** и *i*
**étage** этаж *(m) étach*
**état** состояние *(n) sastaianiié*; **l'État** государство *(n) gasoudarstva*
**États-Unis** Соединённые штаты *(mpl)* Америки *saiédinionyié chtaty amiériki*
**été** лето *(n) liéta*
**éteindre** *(cigarette)* тушить/потушить *touchyt'/patouchyt'*; *(appareil)* выключать/выключить *vykloutchiat'/vykloutchit'*
**étonner** удивлять/удивить *oudivliat'/oudivit'*
**étranger: à l'étranger** за границей *za granitséï*
**étranger** *(adj)* иностранный *inastrany*
**être** быть *byt' (voir grammaire)*
**études** учёба *(f) outchioba*; **faire des études de** изучать *(+acc) izoutchiat'* **17**
**étudiant** студент *(m) stoudiént* **17, 25**
**euro** евро *(n) iévra*
**Europe** Европа *(f) iévropa*
**européen** европейский *iévrapiéïski*
**eux** *(voir grammaire)*
**évanouir (s')** падать/упасть в обморок *padat'/oupast' v obmarak*
**évident** очевидный *atchividny*
**excédent** *(de bagages)* лишний вес *(m) lichni viés*
**excellent** отличный *atlitch'ny*
**exceptionnel** исключительный *isklioutchitiél'ny*; **rien d'exceptionnel** ничего особенного *nitchivo asobiénava*
**excursion** экскурсия *(f) ékskoursiia*
**excuse** извинение *(n) izviniéniié*
**excuser (s')** извиняться/извиниться *izviniatsa/izvinitsa*; **excusez-moi** извините меня *izvinitié minia*
**exemple** пример *(m) primiér*; **par exemple** например *naprimiér*
**expéditeur** отправитель *(m) atpravitiél'*
**expliquer** объяснять/объяснить *ab-iésniat'/ab-iésnit'*
**exposition** выставка *(f) vystafka*

**exprès** напрочно *narochna*
**express** скорый поезд *(m) skory poist*
**expression** выражение *(n) vyrajéniié*
**exprimer (s')** выражаться/выразиться *vyrajatsa/vyrazitsa*
**extraordinaire** замечательный *zamitchiatiél'ny*

## F

**face: en face (de)** напротив *(+gén) naprotif*
**fâché** сердитый *siérdity*
**facile (à)** легко *(+verbe) liéhko*
**façon** образ *(m) obras*; **de toute façon** так или иначе *tak ili inatchié*
**facteur** почтальон *(m) patch'talion*
**facture** счёт *(m) chiot*
**faible** слабый *slaby* **107**
**faim: j'ai faim** мне хочется есть *mnié hotchitsa iést'* **46**
**faire** делать/сделать *diélat/sdiélat*; **ça fait 2 ans que ...** уже два года, как... *oujé dva goda, kak ...*; **ça ne fait rien** ничего *nitchivo*
**fait:** *(n)* **en fait** на самом деле *na samam diélié*; **au fait...** кстати... *kstati ...*
**fait:** *(adj)* **fait main** ручная работа *(f) routch'naia rabota*
**falaise** скала *(f) skala*
**falloir: il faut que ...** надо, чтобы... *nada chtoby ...*
**famille** семья *(f) simia*
**farine** мука *(f) mouka*
**fast-food** кафе *(n) kafé*
**fatigant** утомительный *outamitiél'ny*
**fatigué** усталый *oustaly*
**faute** ошибка *(f) achypka*
**fauteuil roulant** инвалидная коляска *(f) invalidnaia kaliaska*
**faux** неправильный *niépravil'ny*
**fax** факс *(m) faks*
**félicitations !** поздравляю! *pazdravliaiou !*
**femme** *(de sexe féminin)* женщина *(f) jénchina*; *(épouse)* жена *(f) jéna*
**fenêtre** окно *(n) akno*
**fer à repasser** утюг *(m) outiouk*
**férié** нерабочий *niérabotchi*
**ferme** *(n)* ферма *(f) fiérma*
**fermé** закрытый *zakryty*
**fermer** закрывать/закрыть *zakryvat'/zakryt'* **96**
**fermeture** закрытие *(n) zakrytié*
**fermeture éclair®** застёжка *(f)* молния *zastiochka molniia*
**ferry** паром *(m) parom*
**fesses** ягодицы *(fpl) iagaditsy*
**festival** фестиваль *(m) fiéstival'*
**fête** праздник *(m) praznik*; **faire la fête** веселиться *viésiélitsa*
**fête foraine** ярмарка *(f) iarmarka*
**fête nationale** национальный праздник *(m) natsyanal'ny praznik*
**feu** огонь *(m) agon'*; **tu as du feu ?** у тебя есть прикурить? *ou tibia iést' prikourit' ?*
**feu d'artifice** салют *(m) saliout*
**feuille** лист *(m) list*
**feu rouge** красный свет *(m) krasny sviét*
**février** февраль *(m) fiévral'*
**fiancé, -e** *(n)* жених *(m) jénih*, невеста *(f) niviésta*
**fiancé:** *(adj)* **être fiancé** быть обручённым *byt' abroutchionym*
**fier (de)** гордиться *(+instr) garditsa*
**fièvre** температура *(f) timpiératoura* **108**
**fille** девочка *(f) diévatch'ka*; *(de parents)* дочка *(f) dotch'ka*
**film** фильм *(m) fil'm*
**fils** сын *(m) syn*
**fin** *(n)* конец *(m) kaniéts*; **en fin de** в конце *(+gén) f kantsé*; **à la fin de** в конце *(+gén) f kantsé*
**fin** *(adj)* тонкий *tonki*
**finalement** в конце концов *f kantsé kantsof*
**finir** кончать/кончить *kantchiat'/kontchit'*
**Finlande** Финляндия *(f) finliandiia*
**flash** вспышка *(f) fspychka*
**flèche** стрела *(f) striéla*
**fleur** цветок *(m) tsviétok*
**fleuve** река *(f) rika*
**flou** смутный *smoutny*
**foie** печень *(f) piétchin'*
**foire** ярмарка *(f) iarmarka*
**fois** раз *(m) ras*
**folklorique** фольклорный *fal'kliorny*
**foncé** тёмный *tiomny*
**fond** глубина *(f) gloubina*; **au fond de** в глубине *(+gén) v gloubinié*
**football** футбол *(m) foutbol*
**forêt** лес *(m) liés*
**forfait** *(transports, ski)* абонемент *(m) abanimiént* **78**
**formidable** чудесный *tchioudiésny*
**formulaire** бланк *(m) blank* **115**
**fort** *(personne)* сильный *sil'ny*; *(son)* громкий *gromki*; *(goût)* острый *ostry*
**fou** сумасшедший *soumachétchy*
**foulard** платок *(m) platok*
**fouler: se fouler la cheville** вывихнуть лодыжку *vyvihnout' ladychkou*

**four** печь *(f) piétch'*
**fourchette** вилка *(f) vilka*
**fourmi** муравей *(m) mouraviéï*
**fourrière** штрафная стоянка *(f) chtrafnaia staianka* 113
**fracture** перелом *(m) piériélom*
**fragile** хрупкий *hroupki*
**frais** *(temps)* прохладный *prahladny; (aliment)* свежий *sviéjy; (boisson)* холодный *halodny*
**fraise** клубника *(f) kloubnika*
**framboise** малина *(f) malina*
**franc** *(n)* франк *(m) frank*
**Français, -e** француз *(m) frantsous,* француженка *(f) frantsoujénka*
**français** французский *frantsouski*
**France** Франция *(f) frantsyia*
**frein** тормоз *(m) tormas*
**frein à main** ручной тормоз *(m) routch'noï tormas*
**freiner** тормозить/затормозить *tarmazit'/zatarmazit'*
**frère** брат *(m) brat*
**frigidaire®** холодильник *(m) haladil'nik*
**frit** жареный *jariény*
**frites** картофель *(m)* фри *kartofiél' fri*
**froid:** *(n)* **j'ai froid** мне холодно *mnié holadna;* **prendre froid** простудиться *prastouditsa*
**froid** *(adj)* холодный *halodny;* **il fait froid** холодно *holadna*
**fromage** сыр *(m) syr*
**front** лоб *(m) lop*
**frontière** граница *(f) granitsa*
**fruit** фрукт *(m) froukt*
**fruits de mer** дары *(mpl)* моря *dary moria*
**fuite** утечка *(f) outiétch'ka*
**fumer** курить/закурить *kourit'/zakourit'* 69
**fumeur** курящий *kouriachi;* **non-fumeurs** *(salle, compartiment)* для некурящих *dlia niékouriachih;* **fumeurs** для курящих *dlia kouriachih* 48
**fusible** предохранитель *(m) priédahranitiél'*

## G

**gâcher** портить/испортить *portit' /isportit'*
**gagner** *(de l'argent)* зарабатывать/заработать *zarabatyvat'/zarabotat'; (du temps)* выигрывать/выиграть *vyigryvat'/ vyigrat'*
**galerie** галерея *(f) galiériéia*
**gant** перчатка *(f) pirtchiatka*
**gant de toilette** махровая руковица *(f) mahrovaia roukavitsa*
**garage** *(pour garer)* гараж *(m) garach; (réparation)* станция *(f)* техобслуживания *stantsyia tiéhapsloujyvaniia* 33
**garantie** гарантия *(f) garantiia*
**garçon** *(enfant)* мальчик *(m) mal'tchik*
**garder** сохранять/сохранить *sahraniat'/sahranit'*
**gardien** сторож *(m) storach*
**gare** вокзал *(m) vakzal*
**garer (se)** ставить/поставить машину *stavit'/pastavit' machynou*
**gare routière** автовокзал *(m) aftavakzal*
**gâteau** торт *(m) tort;* **petit gâteau** пирожное *(n) pirojnaié*
**gâteau sec** печенье *(n) pitchiénié*
**gauche** левый *liévy;* **à gauche (de)** слева от *(+gén) sliéva at*
**gaz** газ *(m) gas*
**gaze** *(bandage)* марлевая повязка *(f) marliévaia paviaska*
**gazeux** *(boisson)* газированный *gazirovany*
**gel** *(eau gelée)* мороз *(m) maros; (pour les cheveux)* гель *(m) giél'*
**gel douche** гель *(m)* для душа *giél' dlia doucha*
**gêner** мешать/помешать *michat'/pamichat'*
**généraliste** *(médecin)* терапевт *(m) térapiéft*
**génial** гениальный *giénial'ny*
**genou** колено *(n) kaliéna*
**genre: quel genre de … ?** какой…? *kakoï … ?*
**gens** люди *(pl) lioudi*
**gentil** милый *mily*
**Georgie** Грузия *(f) grouziia*
**glace** *(eau gelée)* лёд *(m) liot; (à manger)* мороженое *(n) marojénaié; (miroir)* зеркало *(n) ziérkala*
**glaçon** лёд *(m) liot*
**golf** гольф *(m) gol'f*
**gorge** горло *(n) gorla*
**gourde** дорожная фляга *(f) darojnaia fliaga*
**goût** вкус *(m) fkous*
**goûter** *(n)* полдник *(m) poldnik*
**goûter** *(v) (essayer)* пробовать/попробовать *probavat'/paprobavat'*
**gouttes** *(pour les oreilles, les yeux)* капли *(fpl) kapli*
**grâce: grâce à** благодаря *(+dat) blagadaria*
**grammaire** грамматика *(f) gramatika*
**grammes** граммы *(mpl) gramy*
**grand** большой *bal'choï; (haut)* высокий *vysoki*
**Grande-Bretagne** Великобритания *(f) viélikabritaniia*
**grandir** расти/вырасти *rasti/vyrasti;* **j'ai grandi en France** я вырос во Франции *ia vyras va frantsyi*

**grand magasin** универмаг *(m) ouniviérmak*
**gras** *(adj)* жирный *jyrny*
**gratuit** бесплатный *biésplatny* **71**
**grave** тяжёлый *tijoly*; **ce n'est pas grave** это не имеет значения *éta nié imiéit znatchiéniia*
**grillé** поджаренный *padjariény*
**grippe** грипп *(m) grip*
**grippe intestinale** кишечный грипп *(m) kichétch'ny grip*
**gris** серый *siéry*
**gros** толстый *tolsty*
**gros mot** ругательство *(n) rougatiél'stva*
**groupe** группа *(f) groupa*
**guêpe** оса *(f) asa*
**guérir** лечить *(imperf) liétchit'*
**gueule de bois** похмелье *(n) pahmiélié*
**guide** *(livre)* путеводитель *(m) poutiévaditiél'*; *(personne)* гид *(m) git*
**guide des spectacles** театральный справочник *(m) tiatral'ny spravatch'nik* **65**
**guitare** гитара *(f) gitara*
**gynécologue** гинеколог *(m) ginikolak*

# H

**habiller (s')** одеваться/одеться *adivatsa/ adiétsa*
**habiter** жить *jyt'*
**habitude** привычка *(f) privytch'ka*; **d'habitude** обычно *abytch'na*; **avoir l'habitude (de)** иметь привычку *imiét' privytch'kou*
**hamburger** гамбургер *(m) gambourgiér*
**hanche** бедро *(n) bidro*
**handball** гандбол *(m) gandbol*
**handicapé** инвалид *(m) invalid* **114**
**haricots** фасоль *(f) fasol'*
**haricots verts** зелёная фасоль *(f) zilionaia fasol'*
**hasard: par hasard** случайно *sloutchiaïna*; **au hasard** наугад *naougat*
**haschich** гашиш *(m) gachych*
**haut** *(adj)* высокий *vysoki*
**haut:** *(adv)* **en haut** наверху *navirhou*
**héberger** селить/поселить *siélit'/ pasiélit'*
**hémorroïdes** геморрой *(m) gimaroï*
**herbe** трава *(f) trava*
**hésiter** колебаться/поколебаться *kalibatsa/pakalibatsa*
**heure** час *(m) tchias* **121**; **à quelle heure ... ?** в котором часу? *f katoram tchisou ... ?*; **à 5 heures** в пять часов *(f) piat' tchisof*; **à l'heure** вовремя *vovrimia*; **à tout à l'heure** пока *paka*
**heure locale** местное время *(n) miésnaié vriémia*
**heureusement** к счастью *k chiastiou*
**heureux** счастливый *chislivy*
**hier** вчера *ftchira*; **hier soir** вчера вечером *ftchira viétchiram*
**histoire** *(passé)* история *(f) istoriia*; *(récit)* рассказ *(m) raskas*
**hiver** зима *(f) zima*
**Hollandais, -e** голландец *(m) galandiéts*, голландка *(f) galanka*
**hollandais** голландский *galanski*
**Hollande** Голландия *(f) galandiia*
**homard** омар *(m) amar*
**homéopathie** гомеопатия *(f) gamiapatiia*
**homme** человек *(m) tchilaviék*
**homosexuel** гомосексуалист *(m) gomasiéksoualist*
**Hongrie** Венгрия *(f) viéngriia*
**honnête** честный *tchiésny*
**hôpital** больница *(f) bal'nitsa*
**horaires** расписание *(n) raspisaniié* **25**
**horrible** ужасный *oujasny*
**hors service** на ремонте *na rimontié*
**hors taxe** беспошлинный *bispochliny*
**hôtel** гостиница *(f) gastinitsa*
**hôtel de ville** ратуша *(f) ratoucha*
**huile** *(alimentaire)* растительное масло *(n) rastitiél'naié masla*; *(pour vélo, voiture)* смазка *(f) smaska*
**huître** устрица *(f) oustritsa*
**humide** влажный *vlajny*
**hypertension** гипертония *(f) gipiértaniia*
**hypotension** гипотония *(f) gipataniia*

# I

**ici** здесь *zdiés'*; **d'ici** *(lieu)* здешний *zdiéchni* **16**, **30**; **d'ici un quart d'heure** через четверть часа *tchiéris tchiétvirt' tchisa*
**icône** икона *(f) ikona*
**idée** идея *(f) idiéia*
**idiot** идиот *(m) idiot*
**il** он *on (voir grammaire)*
**il:** *(impersonnel)* **il y a ...** есть... *iést' ...*; **il y a 2 ans** два года тому назад *dva goda tamou nazat* **76**, **119**
**île** остров *(m) ostraf*
**ils** они *ani (voir grammaire)*
**immeuble** дом *(m) dom*
**imperméable** *(n)* плащ *(m) plach'*
**imperméable** *(adj)* непромокаемый *nipramakaiémy*

**important** важный *vajny*
**importer: n'importe quoi** что угодно *chto ougodna*; **faire/dire n'importe quoi** делать/говорить глупости *diélat'/gavarit' gloupasti*
**impossible** невозможный *niévazmojny*
**impression: j'ai l'impression que ...** мне кажется, что ... *mnié kajétsa chto ...*
**impressionnant** впечатляющий *fpitchitliaiouchi* ; **c'est impressionnant** это впечатляет *éta fpiétchitliaiét*
**imprimer** печатать/напечатать *pitchiatat'/napitchiatat'*
**incendie** пожар *(m) pajar*
**incroyable** невероятный *niéviéraiatny*
**indépendant** независимый *niézavisimy*
**indicatif** *(téléphonique)* телефонный код *(m) tilifony kot* **103**
**industriel** промышленный *pramychliény*
**infection** инфекция *(f) infiéktsyia*
**infirmière** медсестра *(f) miétsistra*
**informations** *(renseignements)* информация *(f) infarmatsyia* **71**; **les informations** новости *(fpl) novasti*
**initiales** *(mpl)* инициалы *initsyaly*
**inoubliable** незабываемый *niézabyvaiémy*
**inquiéter (s')** беспокоиться/побеспокоиться *biéspakoitsa/ pabispakoitsa*
**inscrire (s')** записываться/записаться *zapisyvatsa/zapisatsa*
**insecte** насекомое *(m) nasikomaié*
**insecticide** инсектицид *(n) insiéktitsyt*
**insolation** солнечный удар *(m) solnitch'ny oudar*
**insomnie** бессонница *(f) biésonitsa*
**instant: un instant, s'il vous plaît** минутку, пожалуйста *minoutkou, pajalousta*
**instrument** *(de musique)* инструмент *(m) instroumiént*
**insulte** оскорбление *(n) askarbliéniié*
**intelligent** умный *oumny*
**intention: j'ai l'intention de** я намерен *(m)* намерена *(f) ia namiérién/namiériéna* **18**
**interdit** запрещённый *zaprichiony*
**intéressant** интересный *intiriésny*
**intérieur: à l'intérieur** внутри *vnoutri* **68**
**international** международный *mijdounarodny*
**Internet** интернет *(m) intérnét* **97**
**intoxication alimentaire** пищевое отравление *(n) pichivoié atravliéniié*
**invité** гость *(m) gost'*
**inviter** приглашать/пригласить *priglachat'/priglasit'*
**Italie** Италия *(f) italiia*
**Italien, -enne** итальянец *(m) ital'ianiéts,* итальянка *(f) ital'ianka*
**italien** итальянский *ital'ianski*

## J

**jamais** никогда *nikagda* **79**
**jambe** нога *(f) naga*
**jambon** ветчина *(f) vitchina*
**janvier** январь *(m) iénvar'*
**Japon** Япония *(f) iéponiia*
**Japonais, -e** японец *(m) iaponiéts,* японка *(f) iaponka*
**japonais** японский *iéponski*
**jardin** сад *(m) sat*
**jaune** жёлтый *jolty*
**je** я *ia*
**jean** джинсы *(pl) djynsy*
**jetable** разовый *razavy*
**jeter** бросать/бросить *brasat'/brosit*; *(à la poubelle)* выбрасывать/выбросить *vybrasyvat'/vybrasit'*
**jeu** игра *(f) igra*
**jeudi** четверг *(m) tchitviérk*
**jeune** *(n)* молодой человек *(m) maladoï tchilaviék,* девушка *(f) diévouchka*; **les jeunes** молодые *maladyié* **72**
**jeune** *(adj)* молодой *maladoï*
**jeu vidéo** видеоигра *(f) vidiéaigra*
**jogging** *(sport)* бег *(m) biék*; *(tenue)* спортивный костюм *(m) spartivny kastioum*
**joli** красивый *krasivy*
**jouer** играть *(imperf) igrat'* **76, 80**
**jouet** игрушка *(f) igrouchka*
**jour** день *(m) dién'*; **de nos jours** в наши дни *v nachy dni*
**jour férié** выходной день *(m) vyhadnoï dién'*
**journal** газета *(f) gaziéta*
**journée** сутки *(pl) soutki*
**juillet** июль *(m) iioul'*
**juin** июнь *(m) iioun'*
**jumelles** *(pour voir)* бинокль *(m) binokl'*
**jupe** юбка *(f) ioupka*
**jus** сок *(m) sok*
**jusqu'à** до *(+gén) do* **66**
**juste** *(équitable)* справедливый *spravidlivy*; **tout juste** точно *totch'na*; **juste avant/un peu** немного до/только немного *niémnoga do/tol'ka niémnoga*

## K

**kayak** байдарка *(f) baïdarka*
**kilomètre** километр *(m) kilamiétr*
**kiosque à journaux** газетный киоск *(m) gaziétny kiosk*
**kleenex®** бумажный платок *(m) boumajny platok*
**K-way®** дождевик *(m) dajdiévik*

## L

**la** *(article) (voir grammaire)*
**la** *(pronom) voir* **le**
**là** там *tam*
**là-bas** вон там *von tam* **117**
**lac** озеро *(n) oziéra*
**lacets** шнурки *(mpl) chnourki*
**là-haut** там наверху *tam navirhou*
**laine** шерсть *(f) chérst'*
**laisser** *(permettre)* позволять/позволить *pazvaliat'/pazvolit'* **68**; *(abandonner)* бросать/бросить *brasat'/brosit* **42**, **43**; **laisser tranquille** оставлять/оставить в покое *astavliat'/astavit' f pakoié*
**lait** молоко *(n) malako*
**lait après-soleil** жидкий крем *(m)* после загара *jytki kriém poslié zagara*
**lait écrémé** обезжиренное молоко *(n) abiézjyrinaié malako*
**lait entier** цельное молоко *(n) tsél'naié malako*
**lait hydratant** увлажняющий крем *(m) ouvlajniaiouchi kriém*
**laitue** зелёный салат *(m) zilíony salat*
**lame de rasoir** лезвие *(n)* бритвы *liézviié britvy*
**lampe** лампа *(f) lampa*
**lampe de poche** фонарик *(m) fanarik*
**langouste** лангуст *(m) langoust*
**langue** *(organe, langage)* язык *(m) iézyk*
**lapin** кролик *(m) krolik*
**large** широкий *chyroki*
**lavabo** умывальник *(m) oumyval'nik*
**laver** мыть/помыть *myt'/pamyt'*; **se laver** мыться/помыться *mytsa/pamytsa*; **se laver les dents/les cheveux** мыть зубы/волосы *myt' zouby/volasy*
**laverie** прачечная *(f) pratchitch'naia*
**lave-vaisselle** посудомоечная машина *(f) pasoudamoiétch'naia machyna*
**le** *(article) (voir grammaire)*
**le, la** *(pronom)* его *iévo*, её *iéio*, это *éta (voir grammaire)*

**léger** лёгкий *liohki*
**légume** овощ *(m) ovach'*
**lentement** медленно *miédlina* **100**
**lentilles** *(légume)* чечевица *(f) tchitchivitsa*; *(de contact)* линзы *(fpl) linzy*
**les** *(article) (voir grammaire)*
**les** *(pronom)* их *ih (voir grammaire)*
**lessive** стиральный порошок *stiral'ny parachok*; **faire la lessive** стирать/постирать *stirat'/pastirat'*
**lettre** *(de l'alphabet)* буква *(f) boukva*; *(courrier)* письмо *(n) pis'mo*
**leur** *(adj possessif)* их *ih*; **le/la leur** *(pronom possessif)* их *ih (voir grammaire)*
**leur** *(pronom personnel)* им *im (voir grammaire)*
**levée** *(poste)* выемка *(f)* писем *vyiémka pisim* **96**
**lever (se)** вставать/встать *fstavat'/fstat'*
**lèvre** губа *(f) gouba*
**librairie** книжный магазин *(m) knijny magazin*
**libre** свободный *svabodny* **39**, **48**
**lieu** место *(n) miésta*; **au lieu de** вместо того, чтобы *vmiésta tavo, chtoby*
**ligne de bus** автобусная линия *(f) aftobousnaia liniia*
**ligne de métro** линия *(f)* метро *liniia mitro*
**limonade** лимонад *(m) limanat*
**linge: linge sale** грязное бельё *(n) griaznaié bilio*
**liqueur** ликёр *(m) likior*
**liquide: payer en liquide** платить наличными *platit' nalitch'nymi* **84**
**liquide vaisselle** жидкость *(f)* для мытья посуды *jytkast' dlia myt'ia pasoudy*
**lire** читать/прочитать *tchitat'/pratchitat'*
**lit** кровать *(f) kravat'*
**litre** литр *(m) litr*
**livre** книга *(f) kniga*
**location** *(maison)* наём *(m) naiom*; *(voiture)* прокат *(m) prakat*
**logement** жильё *(n) jylio*
**loin** далеко *daliko* **13**; **loin de** далеко от *(+gén) daliko at*
**longtemps** долго *dolga*
**lorsque** когда *kagda*
**louer** *(maison)* снимать/снять *snimat'/sniat'*; *(voiture)* брать/взять напрокат *brat'/vziat' naprakat* **34**, **76**, **78**, **79**
**lourd** *(objet, nourriture)* тяжёлый *tijoly*; *(temps)* душный *douchny*
**loyer** квартплата *(f) kvartplata*
**lui** ему *iémou*, ей *iéï (voir grammaire)*
**lumière** свет *(m) sviét*; *(électrique)*

электрический свет *éliéktritchiski sviét*
**lundi** понедельник *(m) panidiél'nik*
**lune** луна *(f) louna*
**lune de miel** медовый месяц *(m) midovy miésits*
**lunettes** очки *(pl) atch'ki*
**lunettes de soleil** тёмные очки *(pl) tiomnyié atch'ki*
**luxe: de luxe** роскошный *raskochny*
**lycée** лицей *(m) litséï*

# M

**ma** *voir* **mon**
**machine à laver** стиральная машина *(f) stiral'naia machyna*
**Madame** госпожа *(f) gaspaja*
**Mademoiselle** девушка *(f) diévouchka*
**magasin** магазин *(m) magazin*
**magazine** журнал *(m) journal*
**magnifique** великолепный *viélikaliépny*
**mai** май *(m) maï*
**maigre** тощий *tochi*
**maillot de bain** купальник *(m) koupal'nik*
**main** рука *(f) rouka*
**maintenant** сейчас *sitchias*
**mairie** мэрия *(f) mériia*
**mais** но *no*
**maïs** кукуруза *(f) koukourouza*
**maison** дом *(m) dom*; **à la maison** дома *doma*
**maître nageur** тренер *(m)* по плаванию *triénir pa plavaniiou*
**mal:** *(n)* **j'ai mal** у меня болит *ou minia balit* **108**; **j'ai mal à la tête/à la gorge/au ventre** у меня болит/голова/горло/живот *ou minia balit siértsé/galava/gorla/jyvot*
**mal** *(adv)* плохо *ploha*; **pas mal** не плохо *ni ploha*
**malade** больной *(m) bal'noï*
**maladie** болезнь *(f) baliézn'*
**malentendu** недоразумение *(n) nidarazou-miéniié*
**malheureusement** к несчастью *k nichiastiou*
**malpoli** невежливый *niviéjlivy*
**manche** рукав *(m) roukaf*
**mandat international** международный перевод *(m) miéjdounarodny piériévot*
**manger** есть *iést' (imperf)* **46**
**manière** образ *(m) obras*; **de toute manière** так или иначе *tak ili inatchié*
**manquer** не хватать *ni hvatat'* **27**
**manteau** пальто *(n) pal'to*
**marchand** продавец *(m) pradaviéts*
**marchand de journaux** продавец *(m)* газет *pradaviéts gaziét*
**marchandise** товар *(m) tavar*
**marche** *(d'escalier)* ступенька *(f) stoupién'ka*; *(à pied)* ходьба *(f) had'ba* **77**; **faire de la marche** ходить *hadit'*
**marché** рынок *(m) rynak* **85**
**marche arrière** задний ход *(m) zadni hot*
**marche avant** передний ход *(m) piériédni hot*
**marcher** *(à pied)* ходить *(imperf) hadit'*; *(fonctionner)* работать *(imperf) rabotat'* **37**, **40**, **41**, **91**, **98**
**mardi** вторник *(m) ftornik*
**marée basse** отлив *(m) atlif*
**marée haute** прилив *(m) prilif*
**mari** муж *(m) mouch*
**mariage** свадьба *(f) svad'ba*
**marié** женат *jénat*; **mariée** замужняя *zamoujniaia*
**marre: j'en ai marre** мне надоело *mnié nadaiéla*
**marron** *(n) (fruit)* каштан *(m) kachtan*
**marron** *(adj)* коричневый *karitch'niévy*; *(yeux)* карие *kariié*
**mars** март *(m) mart*
**match** матч *(m) match'*
**matelas** матрас *(m) matras*
**matelas pneumatique** надувной матрас *(m) nadouvnoï matras*
**matériel** оборудование *(n) abaroudavaniié*
**matin** утро *(n) outra*
**mauvais** плохой *plahoï*; **il fait mauvais** погода плохая *pagoda plahaia*
**maximum** максимум *(m) maksimoum*
**mayonnaise** майонез *(m) maianés*
**me** меня *minia*, мне *mnié (voir grammaire)*
**mec** мужик *(m) moujyk*
**méchant** злой *zloï*
**médecin** врач *(m) vratch'* **106**
**médicament** лекарство *(n) liékarstva*
**meilleur** лучший *loutchy*; **le meilleur** самый лучший *samy loutchy*; **meilleur que** лучше, чем *loutché, tchiém*
**mélanger** смешивать/смешать *smiéchy-vat'/smiéchat'*
**melon** дыня *(f) dynia*
**membre** *(d'un club)* член *(m) tch'lién*
**même** даже *dajé* **51**; **même eux** даже они *dajé ani*; **même si** даже если *dajé iésli*;

**moi-/lui-même** я/он сам *ia/on sam*
**ménage: faire le ménage** убирать/убрать *oubirat'/oubrat'*
**mentir** лгать/солгать *lgat'/salgat'*
**menton** подбородок *(m) padbarodak*
**menu** меню *(n) miéniou* **49**
**mer** море *(n) morié*; **la mer Baltique/Caspienne/Noire** Балтийское/Каспийское/Чёрное море *baltiïskaié/kaspiïskaié/tchiornaié morié*
**merci** спасибо *spasiba*; **merci beaucoup** большое спасибо *bal'choié spasiba*; **non merci** нет, спасибо *niét, spasiba*
**mercredi** среда *(f) sriéda*
**mère** мать *(f) mat'*
**merveilleux** замечательный *zamiétchiatiél'ny*
**mes** мои *mai (voir grammaire)*
**message** сообщение *(n) saapchiéniié* **101**
**messe** служба *(f) sloujba*
**métier** профессия *(f) prafiésiia*
**mètre** метр *(m) miétr*
**métro** метро *(n) miétro*
**mettre** ставить/поставить *stavit'/pastavit'*
**micro-ondes** микроволновая печь *(f) mikravalnovaia piétch'*
**midi** полдень *(m) poldién'*
**miel** мёд *(m) miot*
**mien: le mien/la mienne** мой *moï*, моя *maia*, моё *maio (voir grammaire)*
**mieux** лучше *loutché* **108**; **mieux que ...** лучше чем... *loutché tchiém ...*
**milieu** середина *f siériédina*; **au milieu (de)** посреди *pasriédi (+gén)*; **en milieu de** в середине *f siériédinié (+gén)*
**minérale** *(eau)* минеральная *miniral'naia*
**minimum** минимум *minimoum*
**minuit** полночь *(f) polnatch'*
**minute** минута *(f) minouta*
**mobylette®** мопед *(m) mapiét*
**moche** некрасивый *niékrasivy*
**mode** мода *(f) moda*; **à la mode** модный *modny*
**moderne** современный *savriémiény*
**moi** я *ia (voir grammaire)*
**moins** меньше *mién'ché* **125**; **au moins** по крайней мере *pa kraïniéï miérié*; **moins que** меньше чем *mién'ché tchiém*; **moins le quart** без четверти *biés tchiétviérti*
**mois** месяц *(m) miésits* **108**
**moitié** половина *(f) palavina*
**Moldavie** Молдавия *(f) maldaviia*
**moment** момент *(m) mamiént*; **un moment** минутку *minoutkou*; **en ce moment** сейчас *sitchias*; **pour le moment** пока *paka*; **à ce moment-là** тогда *tagda*
**mon, ma** мой *moï*, моя *maia*, моё *maio (voir grammaire)*
**monastère** монастырь *(m) manastyr'*
**monde** мир *(m) mir*; **tout le monde** все *fsié*; **du monde** много народу *mnoga narodou* **21**, **74**
**monnaie** мелочь *(f) miélatch'* **84**; **faire de la monnaie** разменять *(perf)* деньги *razmiéniat' dién'gi* **84**, **100**; **rendre la monnaie** давать/дать сдачу *davat/dat' sdatchiou* **83**
**monoski** скейборд *(m) skibord*
**Monsieur** господин *(m) gaspadin*
**montagne** гора *(f) gara*
**montre** часы *(pl) tchisy*
**montrer** показывать/показать *pakazyvat'/pakazat'*
**monument** памятник *(m) pamiatnik*
**morceau: un morceau de** кусок *(+gén) (m) kousok*
**mort** *(adj)* мёртвый *miortvy*
**mosquée** мечеть *(f) miétchiét'*
**mot** слово *(n) slova*; *(note écrite)* записка *(f) zapiska*
**moteur** мотор *(m) mator*
**moto** мотоцикл *(m) matatsykl*
**mouche** муха *(f) mouha*
**mouchoir** носовой платок *(m) nasavoï platok*
**mouette** чайка *(f) tchiaïka*
**mouillé** мокрый *mokry*
**moules** мидии *(fpl) midii*
**mourir** умирать/умереть *oumirat'/oumiériét'*
**mousse à raser** крем *(m)* для бритья *kriém dlia brit'ia*
**moustache** усы *(mpl) ousy*
**moustique** комар *(m) kamar*
**moutarde** горчица *(f) gartchitsa*
**mouton** баран *(m) baran*; *(viande)* баранина *(f) baranina*
**moyen** *(n)* способ *(m) sposap*
**moyen** *(adj)* средний *sriédni*
**muet** немой *niémoï*
**mur** стена *(f) stiéna*
**mûr** зрелый *zriély*
**muscle** мускул *(m) mouskoul*
**musée** музей *(m) mouziéï* **72**
**musique** музыка *(f) mouzyka*
**musulman** мусульманский *mousoul'manski*

DICTIONNAIRE FR-RUSSE

## N

**nager** плавать *(imperf) plavat'*; **savoir nager** уметь плавать *oumiét' plavat'*
**naître** рождаться/родиться *rajdatsa/ raditsa*; **je suis né le/en …** я родился в … *ia radilsia…v …*
**natation** плавание *(n) plavaniié*
**nationalité** национальность *(f) natsya-nal'nast'*
**nature** природа *(f) priroda*
**nausée: j'ai la nausée** меня тошнит *minia tachnit*
**navette** рейсовый автобус *(m) riéïsavy aftobous*
**nécessaire** нужный *noujny*
**négatif** *(photographique)* негатив *(m) niégatif*
**neige** снег *(m) sniék*
**neiger: il neige** идёт снег *idiot sniék*
**nerveux** нервный *niérvny*
**Nescafé®** растворимый кофе *(m) rastvarimy kofié*
**nettoyer** чистить/почистить *tchistit'/ patchistit'*
**neuf** новый *novy*
**nez** нос *(m) nos*
**ni… ni…** ни … ни … *ni … ni …*
**Noël** рождество *(n) rajdiéstvo*; **joyeux Noël !** с рождеством! *s rajdiéstvom !*
**noir** чёрный *tchiorny*; **noir et blanc** чёрно-белый *tchiorna biély*
**noisette** *(fruit)* лесной орех *(m) liésnoï ariéh*; *(café)* кофе *(m)* с молоком *kofié s malakom*
**noix** грецкий орех *(m) griétski ariéh*
**nom** имя *(n) imia*
**nombre** число *(n) tchislo*
**nom de famille** фамилия *(f) familiia*
**nom de jeune fille** девичья фамилия *(f) diévitchia familiia*
**non** нет *niét*; **moi non plus** я тоже *ia tojé*
**nord: au nord (de)** к северу от *(+ gén) k siévérou at*
**normal** нормальный *narmal'ny*
**nos** наши *nachy (voir grammaire)*
**note** *(facture)* счёт *(m) chiot*
**noter** *(écrire)* записывать/записать *zapisyvat'/zapisat'*
**notre** наш *nach*, наша *nacha*, наше *naché (voir grammaire)*
**nôtre: le/la nôtre** наш *nach*, наша *nacha*, наше *naché (voir grammaire)*
**nourriture** еда *(f) iéda*
**nous** мы *my*, нас *nas*, нам *nam (voir grammaire)*
**nouveau** новый *novy*; **à nouveau** снова *snova*
**Nouvel An** новый год *(m) novy got*
**nouvelle** новость *(f) novast'*; **les nouvelles** новости *(fpl) novasti*
**novembre** ноябрь *(m) naiabr'*
**noyer (se)** тонуть/утонуть *tanout'/outanout'* **114**
**nu** голый *goly*
**nuage** облако *(n) oblaka*
**nuit** ночь *(f) notch'*; **bonne nuit !** спокойной ночи! *spakoïnaï notchi !*
**nul** очень плохо *otchin' ploha*; **nulle part** нигде *nigdié*
**numéro** номер *(m) nomir*
**numéro de téléphone** номер *(m)* телефона *nomir tilifona*
**numéro d'immatriculation** номерной знак *(m) nomirnoï znak*

## O

**objectif** *(photographique)* объектив *(m) ab-iéktif*
**occasion** случай *(m) sloutchiaï*; **d'occasion** подержанный *padiérjany*
**occupé** занятый *zaniaty* **103**
**occuper: s'occuper de** заниматься/заняться *(+instr) zanimatsa/zaniatsa*
**océan** океан *(m) akian*
**octobre** октябрь *(m) aktiabr'*
**odeur** запах *(m) zapah*
**œil** глаз *(m) glas*
**œuf** яйцо *(n) iéïtso*
**œuf à la coque** яйцо *(n)* всмятку *iéïtso fsmiatkou*
**œuf dur** яйцо *(n)* вкрутую *iéïtso fkroutouiou*
**œufs brouillés** яичница *(f) iéichnitsa*
**œuf sur le plat** яичница *(f)* глазунья *iéichnitsa glazounia*
**office de tourisme** турфирма *(f) tourfirma*
**offrir** дарить/подарить *darit'/padarit'* **89**
**oignon** лук *(m) louk*
**oiseau** птица *(f) ptitsa*
**ok** ладно *ladna*
**olives** оливки *(fpl) alifki*
**ombre** тень *(f) tién'*; **à l'ombre** в тени *f tini*
**omelette** омлет *(m) amliét*
**on** *(nous)* мы *my*, **on nous a dit …** нам сказали… *nam skazali…*
**ongle** ноготь *(m) nogat'*
**opéra** опера *(f) opiéra*
**opérer: je dois me faire opérer** мне надо

сделать операцию *mnié nada sdiélat' apiératsyiou*

**opticien** оптик *(m) optik*

**or** *(métal)* золото *(n) zolata*; **en or** золотой *zalatoï*

**orage** гроза *(f) graza*

**orange** *(n) (fruit)* апельсин *(m) apiél'sin*

**orange** *(adj)* оранжевый *aranjévy*

**orchestre** оркестр *(m) arkiéstr*

**ordinateur** компьютер *(m) kampioutér*

**ordinateur portable** ноутбук *(m) naoutbouk*

**ordures** мусор *(m) mousar*

**oreille** ухо *(n) ouha*

**oreiller** подушка *(f) padouchka*

**organiser** организовать *(perf) arganizavat'*

**original** оригинальный *original'ny*

**origine** происхождение *(n) praishajdiéniié*; **je suis d'origine russe** я русского происхождения *ia rouskava praishajdiéniia*

**os** кость *(f) kost'*

**oser** сметь/посметь *smiét'/pasmiét'*

**ou** или *ili*

**où** где *gdié*; **où est/sont … ?** где ... ? *gdié … ?*; **où vas-tu ?** куда ты идёшь? *kouda ty idioch ?*; **d'où viens-tu ?** откуда ты? *atkouda ty ?*

**oublier** забывать/забыть *zabyvat'/zabyt'* **12**, **27**

**ouest: à l'ouest (de)** к западу от *(+gén) k zapadou at*

**oui** да *da*

**Oural** Урал *(m) oural*

**ouvert** открытый *atkryty* **72**, **93**, **96**

**ouvre-boîtes** открывашка *(f) atkryvachka*

**ouvre-bouteilles** штопор *(m) chtopar*

**ouvrir** открывать/открыть *atkryvat'/ atkryt'*

## P

**page** страница *(f) stranitsa*

**pain** хлеб *(m) hliép*

**palais** дворец *(m) dvariéts*

**pâle** бледный *bliédny*

**pamplemousse** грейпфрут *(m) griépfrout*

**panne** авария *(f) avariia*; **tomber en panne** попасть в аварию *papast' v avariiou* **33**; **nous sommes tombés en panne d'essence** у нас кончился бензин *ou nas kontchilsia biénzin* **33**

**panneau** *(de signalisation)* дорожный знак *(m) darojny znak*

**panorama** панорама *(f) panarama*

**pansement** пластырь *(m) plastyr'*

**pantalon** брюки *(pl) briouki*

**papeterie** писчебумажный магазин *(m) pichiéboumajny magazin*

**papier** бумага *(f) boumaga*

**papier à cigarette** папиросная бумага *(f) papirosnaia boumaga*

**papier alu** фольга *(f) fal'ga*

**papier-cadeau** обёрточная бумага *(f) abiortatch'naia boumaga*

**papiers (d'identité)** документы *(mpl) dakoumiénty*

**papier-toilette** туалетная бумага *(f) toualiétnaia boumaga*

**Pâques** Пасха *(f) pasha*; **joyeuses Pâques !** с Пасхой! *s pashaï !*

**paquet** пакет *(m) pakiét*; *(de cigarettes)* пачка *(f) patch'ka*

**par: par jour/heure** в день/час *v dién'/ tchias*

**paraître: il paraît que …** кажется, что… *kajétsa, chto …*

**parapluie** зонтик *(m) zontik*

**parasol** зонт *(m)* от солнца *zont at sontsa*

**parc** парк *(m) park*

**parc d'attractions** аттракционы *(mpl) atraktsyony*

**parce que** потому что *patamou chta*

**pardon** извините *izvinitié*

**pare-brise** ветровое стекло *(n) viétravoié stiéklo*

**pare-chocs** бампер *(m) bampiér*

**pareil** тот же самый *tot jé samy*

**parents** родители *(mpl) raditiéli*

**parfait** отличный *atlitch'ny*

**parfois** иногда *inagda*

**parfum** *(cosmétique)* духи *(pl) douhi*; *(arôme)* запах *zapah*

**parking** стоянка *(f) staianka*

**parler** говорить/поговорить *gavarit'/ pagavarit'* **9**, **10**, **11**, **100**, **102**, **113**

**parmi** среди *sriédi*

**partager** разделять/разделить *razdiéliat'/razdiélit'* **50**

**partie** часть *(f) tchiast'*; **faire partie de** входить в состав *fhadit' f sastaf*

**partir** уезжать/уехать *ouiézjat'/ ouiéhat'*; *(à pied)* уходить/уйти *ouhadit' /ouïti*; **à partir de** с *(+gén) s*

**partout** везде *viézdié*

**pas: ne … pas** не *nié*; **pas du tout** совсем нет *safsiém niét*

**passage: être de passage** быть проездом *byt' praiézdam* **18**

**passager** пассажир *(m) pasajyr*

**passeport** паспорт *(m) paspart*

**passer** *(du temps)* проводить/провести *pravadit'/praviésti*; **je suis passé vers 6h** я зашёл около шести *ia zachol okala chésti*; **passer prendre quelqu'un** заходить/зайти за *(+instr) zahadit'/zaïti za*
**pastèque** арбуз *(m) arbous*
**pâté** паштет *(m) pachtiét*
**pâte** тесто *(n) tiésta*
**pâtes** макароны *(pl) makarony*
**pâtisserie** *(gâteau)* пирожное *(n) pirojnaié*; *(magasin)* кондитерский магазин *(m) kanditiérski magazin*
**patron** начальник *(m) natchial'nik*
**pauvre** бедный *biédny*
**payant** платный *platny*
**payer** платить/заплатить *platit'/zaplatit'* **84**
**pays** страна *(f) strana*
**paysage** пейзаж *(m) piéizach*
**Pays-Bas** Нидерланды *(pl) nidiérlandy*
**PCV: appeler en PCV** звонить/позвонить за счёт абонента *zvanit'/pazvanit' za chiot abaniénta* **100**
**péage** плата *(f)* за проезд *plata za praiést*
**peau** кожа *(f) koja*
**pêche** *(fruit)* персик *(m) piérsik*
**pêcher** ловить рыбу *lavit' rybou*
**peigne** расчёска *(f) rachioska*
**peine** труд *(m) trout*; **à peine** едва *iédva*; **ça vaut la peine (de)** это стоит *éta stoit*
**peler** *(peau)* чистить/очистить *tchistit'/atchistit'*
**pellicule** *(photo)* плёнка *(f) plionka* **90**, **91**
**pendant** во время *va vriémia*; **pendant une heure** целый час *tsély tchias*; **pendant que** пока *paka*
**penser** думать *doumat' (imperf)* **40**; **penser à** думать о *doumat' o*
**pension complète** полный пансион *(m) polny pansion*
**perdre** терять/потерять *tiriat'/patiriat'* **33**, **113**; **se perdre** заблудиться *(perf) zabloudïtsa* **14**; **je suis perdu** я заблудился *ia zabloudilsia* **14**
**père** отец *(m) atiéts*
**périmé** просроченный *prasrotchiny*
**permettre** позволять/позволить *pazvaliat'/pazvolit'*
**permis de conduire** водительские права *(npl) vaditiél'skiié prava*
**personne** *(n)* человек *(m) tchilaviék* **39**, **86**
**personne** *(pronom)* никто *nikto*
**petit** маленький *malin'ki*; **petit à petit** постепенно *pastiépiéna*
**petit déjeuner** завтрак *(m) zaftrak*
**petits pois** зелёный горошек *(m) ziliony garochék*;
**peu** мало *mala*; **peu de** мало *(+gén) mala*; **un peu (de)** немножко *(+gén) niémnochka*; **à peu près** приблизительно *priblizitiél'na*
**peur** страх *(m) strah*; **avoir peur (de)** бояться *(+gén) baiatsa*
**peut-être** может быть *mojét byt'*
**phare** *(de véhicule)* фара *(f) fara*
**pharmacie (de garde)** (дежурная) аптека *(f) (dijournaia) aptiéka*
**photo** фотография *(f) fatagrafiia* **90**; **prendre en photo** фотографировать/сфотографировать *fatagrafiravat'/sfatagrafiravat'*; **prendre une photo** делать/сделать снимок *diélat'/sdiélat' snimak*
**photocopie** фотокопия *(f) fatakopiia*; **faire une photocopie** делать/сделать фотокопию *diélat'/sdiélat' fatakopiiou*
**phrase** фраза *(f) fraza*
**pièce** *(monnaie)* монета *(f) maniéta* **101**; *(lieu)* комната *(f) komnata*
**pièce de théâtre** пьеса *(f) p'iésa*
**pied** нога *(f) naga*; **à pied** пешком *pichkom*
**pierre** камень *(m) kamin'*
**piéton** пешеход *(m) piéchéhot*
**pile** батарейка *(f) batariéika*; **3h pile** ровно три часа *rovna tri tchisa*
**pilule** таблетка *(f) tabliétka*; **prendre la pilule** принимать/принять противозачаточные таблетки *prinimat'/priniat' protivazatchiatatch'nyié tabliétki* **108**
**piment** стручковый перец *(m) stroutch'kovy piériéts*
**pince à épiler** пинцет *(m) pintsét*
**pipe** трубка *(f) troupka*
**pipi: faire pipi** писать/пописать *pisat'/papisat'*
**pique-nique** пикник *(m) piknik*
**pique-niquer** устраивать/устроить пикник *oustraivat'/oustroit' piknik*
**piquer** *(insecte)* жалить/ужалить *jalit'/oujalit'*; **je me suis fait piquer par ...** меня ужалил ... *minia oujalil ...* **108**
**piqûre** *(injection)* укол *(m) oukol*; *(d'insecte)* укус *(m) oukous*
**pire** хуже *houjé*; **c'est pire (que)** это хуже чем *éta houjé (tchiém)*
**piscine** бассейн *(m) basiéïn*

DICTIONNAIRE FR-RUSSE

**piste cyclable** велосипедная дорожка *(f) viélasipiédnaia darochka* **79**
**pizza** пицца *(f) pitsa*
**pizzeria** пиццерия *(f) pitsériia*
**place** *(siège)* место *(n) miésta; (lieu public)* площадь *(f) plochit'*; **il n'y a plus de place** больше нет мест *bol'ché niét miést*; **sur place** на месте *na miéstié*
**place de parking** место *(n)* на стоянке *miésta na staiankié*;
**plage** пляж *(m) pliach*
**plaie** рана *(f) rana*
**plaindre (se)** жаловаться/пожаловаться *jalavatsa/pajalavatsa*
**plaire** нравиться/понравиться *nravitsa/panravitsa*; **s'il te/vous plaît** пожалуйста *pajalousta*; **ça me plaît** это мне нравится *éta mnié nravitsa*
**plaisanter** шутить/пошутить *choutit'/pachoutit'*
**plaisir: faire plaisir à** доставлять/доставить удовольствие *dastavliat'/dastavit' oudavol'stviié*
**plan** *(carte)* карта *(f) karta* **13**, **14**, **30**, **71**
**planche à voile** виндсерфинг *(m) vintsiér-fink*
**planche de surf** доска *(f)* для серфинга *daska dlia siérfinga*
**plante** растение *(n) rastiéniié*
**plaque électrique** электрическая плита *(f) éliéktritchiskaia plita*
**plaqué: plaqué or** позолоченный *pazalo-tchiény*
**plastique** пластмасса *(f) plastmasa*
**plat** *(n)* блюдо *(n) bliouda*
**plat** *(adj)* плоский *ploski*
**plat de résistance** второе блюдо *(n) ftaroié bliouda*
**plat du jour** дежурное блюдо *(n) dijournaié bliouda*
**plâtre: j'ai un plâtre** у меня гипс *ou minia gips*
**plein** *(adj)* полный *polny*; **plein de** *(+gén)* полный *polny*
**plein (d'essence)** полный бак *(m)* бензина *polny bak biénzina* **32**
**pleurer** плакать/заплакать *plakat'/zaplakat'*
**pleuvoir: il pleut** идёт дождь *idiot docht'*
**plombage** пломба *(f) plomba*
**plombier** водопроводчик *(m) vadapra-votchik*
**plongée (sous-marine)** подводное плавание *(n) padvodnaié plavaniié*; **faire de la plongée** заниматься подводным плаванием *zanimatsa padvodnym plavaniiém*
**pluie** дождь *(m) docht'*
**plupart: la plupart (de)** большинство *(+gén) bal'chynstvo*
**plus** больше *bol'ché*; **il n'y a plus de ...** больше нет *bol'ché niét ...*; **moi non plus** я тоже *ia tojé*; **plus que** больше чем *bol'ché tchiém*; **à plus tard !** до скорого! *da skorava !*
**plusieurs** несколько *niéskal'ka*
**plutôt** скорее *skariéié*
**pneu** шина *(f) chyna*
**poche** карман *(m) karman*
**poêle** сковорода *(f) skavarada*
**poignet** ручка *(f) routch'ka*
**poil** волос *(m) volas*
**point** точка *(f) totch'ka*; **à point** средней прожаренности *sriédniéï prajariénasti*
**pointure** размер *(m) razmiér*
**poire** груша *(f) groucha*
**poireau** лук порей *(m) louk pariéï*
**pois** горох *(m) garoh*
**poisson** рыба *(f) ryba*
**poissonnerie** рыбный магазин *(m) rybny magazin*
**poitrine** грудь *(f) grout'*
**poivre** перец *(m) piériéts*
**poivron** сладкий перец *(m) sladki piériéts*
**poli** вежливый *viéjlivy*
**police** милиция *(f) militsyia*
**policier** милиционер *(m) militsyaniér*
**pollution** загрязнение *(n) zagrizniéniié*
**Pologne** Польша *(f) pol'cha*
**pommade** мазь *(f) mas'*
**pomme** яблоко *(n) iablaka*
**pomme de terre** картофель *(m) kartofiél'*
**pompe à vélo** велосипедный насос *(m) viélasipiédny nasos*
**pompiers** пожарные *(mpl) pajarnyié*
**pont** мост *(m) most*
**porc** свинина *(f) svinina*
**port** порт *(m) port*
**portable** *(téléphone)* мобильный телефон *(m) mabil'ny tilifon* **100**, **104**; *(ordinateur)* ноутбук *(m) naoutbouk*
**porte** дверь *(f) dviér'*; *(d'aéroport)* выход *(m) vyhat*
**portefeuille** бумажник *(m) boumajnik*
**porte-monnaie** кошелёк *(m) kachyliok*
**porter** носить *(imperf) nasit'*
**possible** возможный *vazmojny* **38**, **63**; **le plus tôt possible** как можно раньше *kak mojna ran'ché*
**poste** почта *(f) potch'ta* **95**

DICTIONNAIRE FR-RUSSE

**poste restante** до востребования *da vastriébavaniia*
**potable** питьевая *pit'iévaia*; **non potable** не питьевая *niépit'iévaia*
**pot d'échappement** выхлопная труба *(f) vyhlapnaia trouba*
**poubelle** мусорное ведро *(n) mousarnaié viédro* **43**, **44**
**poudre** порошок *(m) parachok*
**poule** курица *(f) kouritsa*
**poulet** цыплёнок *(m) tsyplionak*
**poumon** лёгкое *(n) liohkaié*
**pour** для *dlia*; **pour que** чтобы *chtoby*; **pour cent** процент *(m) pratsént*
**pourboire** чаевые *(pl) tchiiévyié*
**pourquoi** почему *patchimou*
**pousser** толкать/толкнуть *talkat'/talknout'*
**poussette** складная коляска *(f) skladnaia kaliaska*
**pouvoir** мочь/смочь *motch'/smotch' (voir grammaire)*
**pratique** удобный *oudobny*
**précédent** предыдущий *priédydouchi*
**préféré** самый любимый *samy lioubimy*
**préférer** предпочитать *(imperf) priétpatchitat'*
**premier** первый *piérvy*
**prendre** *(avion, train)* садиться/сесть на *saditsa/siést' na*; *(médicament)* принимать/принять *prinimat'/priniat*; **ça prend 2 heures** это занимает два часа *éta zanimaiét dva tchisa*
**prénom** имя *(n) imia*
**préparer** готовить/приготовить *gatovit'/prigatovit'*
**près** около *okala*; **(tout) près de** (совсем) близко от *(+gén) (safsiém) bliska at*
**présenter: je te présente ...** я представляю тебе ... *ia pritstavliaou tibié ...*
**préservatif** презерватив *(m) priéziérvatif*
**préservé** охраняемый *ahraniaiémy*
**presque** почти *patch'ti*
**pressé: être pressé** *(imperf)* спешить *spiéchyt'* **117**
**pressing** химчистка *(f) himtchistka*
**pression** *(bière)* пиво *(n)* в разлив *piva v razlif*; *(pneu)* давление *(n) davliéniié*
**prêt** готовый *gatovy*; **être prêt à** быть готовым к *byt' gatovym k*
**prêter** одалживать/одолжить *adaljyvat'/adaljyt'* **44**
**prêtre** священник *(m) sviéchiénik*
**prévenir** предупреждать/предупредить *priédoupriéjdat'/priédoupriédit'*
**prévisions météo** прогноз *(m)* погоды *pragnos pagody* **22**
**prévoir** *(activité)* предусматривать/предусмотреть *priédousmatrivat'/priédousmatriét'*; *(temps)* прогнозировать *pragnaziravat'*
**prier: je t'/vous en prie** я тебя/вас прошу *ia tibia/vas prachou*
**principal** главный *glavny*
**printemps** весна *(f) viésna*
**prise** *(électrique)* розетка *(f) raziétka* **40**, **100**
**privé** частный *tchiasny*
**prix** цена *(f) tséna*
**probablement** вероятно *viéraiatna*
**problème** проблема *(f) prabliéma*
**procession** ход *(m) hot*
**prochain** следующий *sliédouchi* **30**, **73**; **à une prochaine !** до скорого! *da skorava !*
**proche** близкий *bliski*; **la boulangerie la plus proche** ближайшая булочная *blijaïchaia boulatch'naia*
**produit** изделие *(n) izdiéliié*
**professeur** преподаватель *(m) priépadavatiél'*
**profession** профессия *(f) prafiésiia*
**profiter de** пользоваться/воспользоваться *(+ instr) pol'zavatsa/vaspol'zavatsa*
**profond** глубокий *glouboki*
**programme** *(de télévision, des spectacles)* программа *(f) pragrama*
**progrès: faire des progrès** делать/сделать успехи *diélat'/sdiélat' ouspiéhi*
**promener (se)** гулять/погулять *gouliat'/pagouliat'*; **aller se promener** идти/пойти гулять *iti/païti gouliat'*
**promettre** обещать/пообещать *abiéchiat'/paabiéchiat'*
**prononcer** произносить/произнести *praiznasit'/praizniésti*
**proposer** предлагать/предложить *priédlagat'/priédlajyt'*
**propre** чистый *tchisty*; *(particulier)* собственный *sopstviény*
**propriétaire** владелец *(m) vladiéliéts*
**protéger** защищать/защитить *zachichiat'/zachitit'*; **se protéger** защищаться/защититься *zachichiatsa/zachititsa*
**prudent** осторожный *astarojny*
**prune** слива *(f) sliva*
**public** *(adj)* публичный *poublitch'ny*
**public** *(n)* публика *(f) poublika*

**publicité** реклама *(f) riéklama*
**puisque** так как *tak kak*
**pull** свитер *(m) svitér*
**pyjama** пижама *(f) pijama*

## Q

**quai** *(de gare, de métro)* платформа *(f) platforma*; *(de port)* причал *(m) pritchial*
**qualité** качество *(n) katchistva*; **de bonne qualité** хорошего качества *harochéva katchistva*
**quand** когда *kagda*; **quand même** всё-таки *fsio taki*
**quart** четверть *(f) tchiétvirt'*; **un quart d'heure** четверть часа *tchiétvirt' tchisa*
**quartier** квартал *(m) kvartal*
**que** что *chto*; *(seulement)* только *tol'ka*; **que faites-vous ?** что вы делаете? *chto vy diélaiétié ?*; **qu'est-ce que … ?** что? … *chto … ?*; **plus petit que** меньше чем *mién'ché tchiém*; **je pense que** я думаю, что *ia doumaiou chto*
**quel** какой *kakoï*
**quelque chose** *(déterminé)* что-то *chto ta*; *(indéterminé)* что-нибудь *chto nibout'* **66**, **68**, **89**
**quelquefois** иногда *inagda*
**quelque part** где-то *gdié ta*
**quelques** несколько *(+gén) niéskal'ka*
**quelques-uns** некоторые *niékataryié*
**quelqu'un** кто-то *kto ta*
**queue** *(file)* очередь *(f) otchiriét'*; **faire la queue** стоять в очереди *staiat' v otchiriédi*
**qui** кто *kto*
**quitter** отходить/отойти *athadit'/ataïti*; **ne quittez pas** не отходите от телефона *nié athaditié at tilifona*
**quoi** что *chto*; **il n'y a pas de quoi** не за что *nié za chta*
**quoique** хотя *hatia*

## R

**rabais: faire un rabais** делать/сделать маленькую скидку *diélat'/sdiélat' malién'kouiou skitkou* **83**
**raccourci** короткий путь *(m) karotki pout'*
**raconter** рассказывать/рассказать *raskazyvat'/raskazat'*
**radiateur** батарея *(f) batariéia*
**radio** *(transistor)* радио *(n) radio*; *(rayons X)* рентген *(m) riéngién*
**rage de dents** сильная зубная боль *(f) sil'naia zoubnaia bol'*
**raides** *(cheveux)* прямые *primyié*
**raisin** виноград *(m) vinagrat*
**raisins secs** изюм *(m) izioum*
**randonnée** поход *(m) pahot* **77**; **faire de la/une randonnée** отправляться/отправиться в поход *atpravliatsa/atpravitsa f pahot*
**ranger** убирать/убрать *oubirat'/oubrat'*
**rapatrier** репатриировать *riépatriiravat'*
**rapide** быстрый *bystry*
**rappeler** *(au téléphone)* перезванивать/перезвонить *piériézvanivat'/piériézvanit'* **102**; **se rappeler** вспоминать/вспомнить *fspaminat'/fspomnit'*; **ça me rappelle …** это мне напоминает … *éta mnié napaminaiét …*
**raquette** ракетка *(f) rakiétka*
**rare** редкий *riétki*
**rarement** редко *riétka*
**raser (se)** бриться/побриться *britsa/pabritsa*
**rasoir** бритва *(f) britva*
**rasoir électrique** электробритва *(f) éliéktrabritva*
**rater** *(train, avion)* опаздывать/опоздать *apazdyvat'/apazdat'* **27**, **30**
**ravi** восхищённый *vashichiony*; **ravi de faire votre connaissance** очень рад с вами познакомиться *otchin' rat s vami paznakomitsa*
**rayon** *(d'un magasin)* отдел *(m) atdiél* **85**, **87**
**rayons X** рентгеновские лучи *(mpl) riéngiénafskiié loutchi*
**récent** недавний *niédavni*
**réception** *(d'un hôtel)* регистрация *(f) riégistratsyia*; *(sur portable)* слыши-мость *(f) slychymast'* **104**; **à la réception** на регистрации *na riégistratsyi* **42**
**réceptionniste** администратор *(m) administrator*
**recette** рецепт *(m) ritsépt*
**recevoir** получать/получить *paloutchiat'/paloutchit'*; *(sur portable)* слышать/услышать *slychat'/ouslychat'*
**rechange: pièce de rechange** запасная часть *(f) zapasnaia tchiast'*
**recharger** *(portable)* заряжать/зарядить *zariéjat'/zariédit'* **100**, **104**
**recommandé** *(lettre)* заказное *zakaznoié*; **envoyer une lettre en recommandé** послать *(perf)* заказное письмо *paslat' zakaznoié pis'mo*

**recommander** рекомендовать/порекомендовать *riékamiéndavat'/pariékamiéndavat'* **40**, **46**, **49**
**reconnaître** узнавать/узнать *ouznavat'/ouznat'*
**reçu** квитанция *(f) kvitantsyia* **84**, **109**
**réduction** скидка *(f) skitka* **25**, **72**
**réfléchir** думать/подумать *doumat'/padoumat'* **87**
**réfrigérateur** холодильник *(m) haladil'nik*
**refuge** убежище *(n) oubiéjychié*
**refuge de montagne** горный приют *(m) gorny priiout*
**refuser** отказываться/отказаться *atkazyvatsa/atkazatsa*
**regarder** смотреть/посмотреть *smatriét'/pasmatriét'*
**régime** диета *(f) diiéta*; **être au régime** быть на диете *byt' na diiétié*
**région** местность *(f) miésnast'*; **dans la région** в этом месте *v étam miéstié*
**règles** менструация *(f) miénstrouatsyia*; **j'ai mes règles** у меня менструация *ou minia miénstrouatsiia*
**regretter** жалеть/пожалеть *jaliét'/pajaliét'*
**rein** почка *(f) potch'ka*
**reine** королева *(f) karaliéva*
**rejoindre** присоединяться/ присоединиться *prisaiédiniatsa/prisaiédinitsa* **18**, **63**, **64**
**religieuse** монахиня *(f) manahinia*
**religion** религия *(f) riéligiia*
**remarquer** замечать/заметить *zamiétchiat'/zamiétit'*
**rembourser** возвращать/вернуть деньги *vazvrachiat'/viérnout' dién'gi*; **se faire rembourser** получить *(perf)* деньги назад *paloutchit' dién'gi nazat* **109**
**remercier** благодарить/поблагодарить *blagodarit'/pablagadarit'*
**remontée mécanique** подъёмник *(m) padiomnik*
**remparts** крепостные стены *(fpl) kriépasnyié stiény*
**remplir** *(formulaire)* заполнять/заполнить *zapalniat'/zapolnit'* **38**, **115**
**rencontrer** встречать/встретить *fstriétchiat'/fstriétit'*; **se rencontrer** встречаться/встретиться *fstriétchiatsa/fstriétitsa*
**rendez-vous** встреча *(f) fstriétchia*; **prendre un rendez-vous** назначить *(perf)* встречу *naznatchit' fstriétchiou* **106**; **se donner rendez-vous** собраться *(perf) sabratsa*; **j'ai rendez-vous avec ...** у меня встреча с... *(+ instr) ou minia fstriétchia s...* **107**
**rendre** возвращать/вернуть *vazvrachiat'/viérnout'*
**renseignement** справка *(f) sprafka* **71**; **les renseignements** *(au téléphone)* справочная *(f) spravatch'naia*
**rentrer** *(à la maison)* возвращаться/вернуться *vazvrachiatsa/viérnoutsa*
**renverser** опрокидывать/опрокинуть *aprakidyvat'/aprakinout'*; **je me suis fait renverser par une voiture** меня сбила машина *minia sbila machyna*
**réparer** ремонтировать/отремонтировать *riémantiravat'/atrimantiravat'* **33**; **faire réparer** отдавать/ отдать в ремонт *atdavat'/atdat' v riémont*
**repas** еда *(f) iéda*
**repasser** *(vêtement)* гладить/выгладить *gladit'/vygladit'*
**repère: point de repère** ориентир *(m) ariéntir*
**répéter** повторять/повторить *paftariat'/paftarit'* **10**, **100**
**répondeur** автоответчик *(m) aftaatviétchik*
**répondre** отвечать/ответить *atviétchiat'/atviétit'*
**réponse** ответ *(m) atviét*
**reposer (se)** отдыхать/отдохнуть *atdyhat'/atdahnout'*
**République slovaque** Республика *(f)* Словакия *riéspoublika slavakiia*
**République tchèque** Республика *(f)* Чехия *riéspoublika tchiéhiia*
**réservé** заказанный *zakazany*
**réserver** бронировать/забронировать *braniravat'/zabraniravat'* **25**, **38**, **39**, **48**
**ressembler à** быть похожим на *(+acc) byt' pahojym na*
**restaurant** ресторан *(m) ristaran*
**reste** остаток *(m) astatak*; **le reste** остальное *(n) astal'noié*
**rester** оставаться/остаться *astavatsa/astatsa* **38**; **est-ce qu'il reste des places ?** остались места? *astalis' miésta ?*
**retard** опоздание *(n) apazdaniié* **27**; **être en retard** опаздывать/опоздать *apazdyvat'/apazdat'* **63**, **117**
**retardé** *(train)* опоздавший *apazdafchy*
**retirer** *(de l'argent)* брать/взять *brat'/vziat'*
**retour** возвращение *(n) vazvrachiéniié*; **être**

**de retour** вернуться *(perf) viérnoutsa* **102, 122**
**retrait des bagages** выдача *(f)* багажа *vydatchia bagaja*
**retraite** пенсия *(f) piénsiia*; **être à la retraite** быть на пенсии *byt' na piénsii* **17**
**retraité** пенсионер *(m) piénsianiér*
**retrouver (se)** *(rendez-vous)* встречаться/встретиться *fstriétchiatsa/fstriétitsa* **63, 68**
**rêve** *(songe)* сон *(m) son*; *(idéal)* мечта *(f) miétch'ta*
**réveil** *(montre)* будильник *(m) boudil'nik*
**réveiller** будить/разбудить *boudit'/ razboudit'*; **se réveiller** просыпаться/проснуться *prasypatsa/prasnoutsa*
**revenir** возвращаться/вернуться *vazvrachiatsa/viérnoutsa*
**rêver** мечтать *(imperf) mitch'tat'*
**revoir (se)** вновь встретиться *(perf) vnof' fstriétitsa* **69**; **au revoir** до свидания *da svidaniia*
**revue** журнал *(m) journal*
**rez-de-chaussée** первый этаж *(m) piérvy étach*
**rhum** ром *(m) rom*
**rhumatismes** ревматизм *(m) rivmatizm*
**rhume** насморк *(m) nasmark* **110**
**rhume des foins** аллергический насморк *(m) aliérgitchiski nasmark*
**riche** богатый *bagaty*
**rien** ничего *nitchivo*; **il ne fait rien** он ничего не делает *on nitchivo nié diélaiét*
**rigoler** веселиться/повеселиться *viésiélitsa/paviésiélitsa*
**rire** смех *(m) smiéh*
**risque** риск *(m) risk*
**risquer: il risque de pleuvoir** возможно будет дождь *vazmojna boudiét docht'* **23**
**rivière** река *(f) riéka*
**riz** рис *(m) ris*
**robe** платье *(n) platié*
**robinet** кран *(m) kran*
**robinet d'arrêt** стоп-кран *(m) stop kran*
**rocher** скала *(f) skala*
**roi** король *(m) karol'*
**rollers** ролики *(mpl) roliki*
**rond-point** круглая площадь *(f) krouglaia plochit'*
**ronfler** храпеть/захрапеть *hrapiét'/ zahrapiét'*
**rose** *(n) (fleur)* роза *(f) rosa*
**rose** *(adj)* розовый *rozavy*
**roue** колесо *(n) kaliéso*
**roue de secours** запасное колесо *(n) zapasnoié kaliéso*
**rouge** красный *krasny*
**rouge à lèvres** губная помада *(f) goubnaia pamada*
**Roumanie** Румыния *(f) roumyniia*
**route** дорога *(f) daroga*
**rouvrir** вновь открывать *vnof' atkryvat' (imperf)*
**roux** рыжий *ryjy*
**Royaume-Uni** Великобритания *(f) viélikabritaniia*
**rue** улица *(f) oulitsa*
**rue piétonne** пешеходная улица *(f) piéchéhodnaia oulitsa*
**rugby** регби *(n) régbi*
**ruines** развалины *(fpl) razvaliny*; **en ruines** разрушенный *razrouchény*
**Russie** Россия *(f) rasiia*
**Russe** русский *(m) rouski*, русская *(f) rouskaia*
**russe** русский *rouski*

## S

**sa** *voir* **son**
**sable** песок *(m) piésok*
**sac** сумка *(f) soumka*
**sac à dos** рюкзак *(m) rioukzak*
**sac à main** дамская сумочка *(f) damskaia soumatch'ka*
**sachet** *(de thé)* пакетик *(m) pakiétik*
**sac de couchage** спальный мешок *(m) spal'ny miéchok*
**sac plastique** пакет *(m) pakiét* **83**
**sac poubelle** пакет *(m)* для мусора *pakiét dlia mousara*
**sage** мудрый *moudry*
**saignant** с кровью *s krov'iou*
**saigner: ça saigne** идёт кровь *idiot krof'*
**saison** время *(n)* года *vriémia goda*
**salade** салат *(m) salat*
**sale** грязный *griazny*
**salé** солёный *saliony*
**salir** пачкать/испачкать *patch'kat'/ ispatch'kat'*; **se salir** пачкаться/испачкаться *patch'katsa/ispatch'katsa*
**salle** зал *(m) zal*
**salle de bains** ванная *(f) vanaia*
**salle de cinéma** кинозал *(m) kinazal*
**salle de concert** концертный зал *(m) kantsértny zal*
**salon** гостиная *(f) gastinaia*
**salut !** *(bonjour)* привет *priviét*; *(au revoir)* пока *paka*
**samedi** суббота *(f) soubota*

**sandales** сандали *(fpl) sandali*
**sandwich** бутерброд *(m) boutérbrot*
**sang** кровь *(f) krof'*
**sanitaires** туалет *(m) toualiét*
**sans** без *biés*
**santé** здоровье *(n) zdarov'ié*; **je suis en bonne santé** я здоров *(m)*/здорова *(f) ia zdarof/zdarova*
**santé !** за здоровье! *za zdarov'ié !*
**sardine** *(poisson)* сардина *(f) sardina*; *(de tente)* колышек *(m) kolychék*
**sauce** соус *(m) soous*
**saucisse** сосиска *(f) sasiska*
**saucisson** колбаса *(f) kalbasa*
**sauf** кроме *(+gén) kromié*
**saumon** сёмга *(f) siomga*
**sauvage** дикий *diki*
**sauvegarder** сохранять/сохранить *sahraniat'/sahranit'*
**savoir** знать *znat'*; **savoir nager** уметь плавать *oumiét' plavat'*
**savon** мыло *(n) myla*
**scooter** мотороллер *(m) mataroliér*
**Scotch®** скотч *(m) skotch'*
**sec** сухой *souhoï*
**sèche-cheveux** фен *(m) fién*
**sécher** сохнуть/высохнуть *sohnout'/vysahnout'*; **faire sécher** *(linge)* сушить/высушить *souchyt'/vysouchyt'*
**seconde** секунда *(f) sikounda*
**secours** помощь *(f) pomach'*; **au secours !** на помощь! *na pomach' !*; **appeler au secours** звать/позвать на помощь *zvat'/pazvat' na pomach'*
**sécurité** безопасность *(f) biézapasnast'*; **en sécurité** в безопасности *v biézapasnasti*
**sein** грудь *(f) grout'*
**séjour** пребывание *(n) priébyvaniié*
**sel** соль *(f) sol'*
**semaine** неделя *(f) niédiélia*; **en semaine** на неделе *na niédiélié*; **toute la semaine** всю неделю *fsiou niédiéliou*
**sens** *(direction)* направление *(n) napravliéniié*; *(signification)* значение *(n) znatchiéniié*
**sensible** чувствительный *tchioustvitiél'ny*
**sentier** тропинка *(f) trapinka* **77**
**sentir** *(percevoir)* чувствовать/почувствовать *tchioustvavat'/patchioustvavat'*; *(dégager une odeur)* пахнуть/запахнуть *(+instr) pahnout'/zapahnout'*; **sentir bon/mauvais** пахнуть хорошо/плохо *pahnout' haracho/ploha*; **se sentir bien/mal** чувствовать себя хорошо/плохо *tchioustvavat' sibia haracho/ploha* **107**
**séparément** отдельно *atdiél'na*
**séparer** разделять/разделить *razdiéliat'/razdiélit'*; **se séparer** расставаться/расстаться *rastavatsa/rastatsa*
**septembre** сентябрь *(m) sintiabr'*
**sérieux** серьёзный *siér'iozny*
**serré** *(vêtement, nœud)* затянутый *zatianouty*; *(café)* крепкий *kriépki*
**serrure** замок *zamok m*
**serveur, -euse** официант *(m) afitsyant*, официантка *(f) afitsyantka*
**service** *(pourboire)* обслуживание *(n) apsloujyvaniié*; **rendre un service** оказать *(perf)* услугу *akazat' ouslougou*
**serviette** *(de toilette)* полотенце *(n) palatiéntsé*; *(de table)* салфетка *(f) salfiétka*
**serviette hygiénique** прокладка *(f) praklatka*
**servir: ça sert à ...** это для... *(+gén) éta dlia...* ; **se servir de** пользоваться/воспользоваться *(+instr) pol'zavatsa/vaspol'zavatsa*
**ses** его *iévo*, её *iéio (voir grammaire)*
**seul** один *adin*; **un seul** только один *tol'ka adin*; **je voyage seul** я путешествую один *ia poutiéchéstvouiou adin*
**seulement** только *tol'ka*
**sexe** *(organe, sexualité)* секс *(m) séks*; *(genre)* пол *(m) pol*
**shampooing** шампунь *(m) champoun'*
**shopping: aller faire du shopping** ходить за покупками *hadit' za pakoupkami*
**short** шорты *(pl) chorty*
**si** если *iésli*
**Sibérie** Сибирь *(f) sibir'*
**sida** спид *(m) spit*
**siècle** век *(m) viék*; **au XIX$^{e}$ siècle** в девятнадцатом веке *v divitnatsatam viékié*
**sien: le sien/la sienne** его *iévo*, её *iéio*; *(réfléchi)* свой *svoï*, своя *svaia*, своё *svaio*
**sieste** отдых *(m) otdyh*; **faire la sieste** спать/поспать после обеда *spat'/paspat' poslié abiéda*
**signer** подписывать/подписать *patpisyvat'/patpisat'* **84**, **115**
**signifier** значить *znatchit'*
**silence** тишина *(f) tichyna*
**simple** простой *prastoï*
**sinon** иначе *inatchié*

DICTIONNAIRE FR-RUSSE

**sirop** сироп (m) sirop; (médicament) микстура (f) mikstoura
**site Internet** сайт (m) на интернете sait na internétié
**ski** лыжи (fpl) lyjy; **faire du ski** кататься на лыжах katatsa na lyjah
**ski nautique** водные лыжи (fpl) vodnyié lyjy
**slip** трусы (pl) trousy
**slip de bain** плавки (pl) plafki
**société** (communauté) общество (n) opchistva; (entreprise) предприятие (n) priétpriiatiié
**sœur** сестра (f) sistra
**soie** шёлк (m) cholk
**soif: j'ai soif** мне хочется пить mnié hotchitsa pit'
**soir** вечер (m) viétchir; **ce soir** сегодня вечером sivodnia viétchiram; **le soir** по вечерам pa viétchiram
**soirée** (soir) вечер (m) viétchir; (fête) вечеринка (f) viétchirinka **68**; **dans la soirée** вечером viétchiram
**sol** земля (f) zimlia
**solde: en solde** по сниженным ценам pa snijénym tsénam; **soldes** скидки (fpl) skitki
**soleil** солнце (n) sontsé; **au soleil** на солнце na sontsé
**sommeil** сон (m) son; **j'ai sommeil** мне хочется спать mnié hotchitsa spat'
**sommet** вершина (f) viérchyna
**somnifère** снотворное (n) snatvornaié
**son, sa** его iévo, её iéio (voir grammaire)
**sortie** выход (m) vyhat; (d'autoroute) выезд (m) vyiést
**sortie de secours** запасной выход (m) zapasnoï vyhat
**sortir** выходить/выйти vyhadit'/vyïti **16**; (le soir) идти/пойти куда-нибудь idti/païti kouda nibout'; (film) выходить/ выйти vyhadit'/vyïti; **sortir avec quelqu'un** встречаться с кем-нибудь fstriétchiatsa s kiém nibout'
**souci** забота (f) zabota; **se faire du souci** беспокоиться (imperf) biéspakoitsa
**souffrir** страдать/пострадать stradat'/pastradat'
**souhait** пожелание (n) pajélaniié; **à tes/vos souhaits !** будь здоров/будьте здоровы bout' zdarof/boutié zdarovy
**soûl** пьяный p'iany
**soupe** суп (m) soup
**sourd** глухой glouhoï
**sourire** (v) улыбаться/улыбнуться oulybatsa/oulybnoutsa
**souris** мышь (f) mych; (d'ordinateur) мышка (f) mychka
**sous** под (+instr) pod
**sous-titré** с субтитрами s souptitrami
**sous-vêtements** бельё (n) bil'io
**soutien-gorge** бюстгальтер (m) biousgal'tiér
**souvenir** (n) воспоминание (n) vaspaminaniié; **en souvenir de** на память о (+prép) na pamiat' a; **se souvenir (de)** вспоминать/вспомнить о (+prép) fspaminat'/fspomnit' a
**souvent** часто tchiasta; **pas souvent** не часто ni tchiasta
**sparadrap** пластырь (m) plastyr'
**spécial** специальный spiétsal'ny
**spécialité** (culinaire) традиционное блюдо (n) traditsyonaié bliouda
**spectacle** спектакль (m) spiéktakl' **65**
**sport** спорт (m) sport
**sportif** (adj) спортивный spartivny
**stade** стадион (m) stadion
**stage** стажировка (f) stajyrofka
**stand** стенд (m) stént
**standardiste** телефонистка (f) tilifanistka
**station balnéaire** курорт (m) kourort
**station de métro** станция (f) метро stantsyia miétro
**station de ski** лыжная станция (f) lyjnaia stantsyia
**station-service** заправочная станция (f) zapravatch'naia stantsyia **32**, **33**
**statue** статуя (f) statouia
**steak** бифштекс (m) bifchtéks
**stérilet** спираль (f) spiral'
**stop** стоп stop (m); **faire du stop** ехать (imperf) на попутных iéhat' na papoutnyh
**studio** (appartement) однокомнатная квартира (f) adnakomnatnaia kvartira
**style** стиль (m) stil'
**stylo** ручка (f) routch'ka
**succès** успех (m) ouspiéh
**sucre** сахар (m) sahar
**sucré** сладкий slatki
**sud: au sud (de)** к югу от (+gén) k iougou at
**suffire** хватать/хватить hvatat'/hvatit'; **ça suffit** хватит hvatit; **il suffit de ...** достаточно... dastatatch'na ...
**suivant** следующий sliédouchi
**suivre** следовать sliédavat'; **faire suivre** (courrier) переслать (perf) piériéslat'
**super** (n) (essence) девяносто шестой бензин (m) divinosta chéstoï biénzin
**super** (adj) потрясающий patrisaiouchi
**supermarché** универсам (m) ouniviérsam

**supplément** дополнение *(n) dapalniéniié*
**supplémentaire** дополнительный *dapalnitiél'ny*
**supporter** переносить/перенести *piérié-nasit'/piériéniésti*; **je ne supporte pas …** я терпеть не могу … *ia tiérpiét' nié magou …*
**suppositoire** свеча *(f) sviétchia*
**sur** на *na*
**sûr** уверен *ouviérién*; **c'est sûr** это точно *éta totch'na*; **bien sûr** конечно *kaniéchna*
**surgelé** замороженный *zamarojény*; **les surgelés** замороженные продукты *zamarojényié pradoukty*
**surnom** прозвище *(n) prozvichié*
**surprise** сюрприз *(m) siourpris*
**surveiller** следить/последить за *(+instr) sliédit'/pasliédit' za* **114**
**sympa** милый *mily* **21**, **22**
**sympathique** приятный *priiatny*
**synagogue** синагога *(f) sinagoga*
**syncope** обморок *(m) obmarak* **109**

## T

**ta** *voir* **ton**
**tabac** *(à fumer)* табак *(m) tabak*; *(magasin)* табачный киоск *(m) tabatch'ny kiosk*
**table** стол *(m) stol*
**tableau** *(œuvre d'art)* картина *(f) kartina*
**tache** пятно *(n) pitno*
**taie d'oreiller** наволочка *(f) navalatch'ka*
**taille** *(grandeur)* размер *(m) razmiér*; *(partie du corps)* талия *(f) taliia*
**talon: chaussures à talons** туфли *(fpl)* на высоком каблуке *toufli na vysokam kabloukié*
**tampon** *(hygiénique)* тампон *(m) tampon*
**tant: tant pis** тем хуже *tiém houjé*
**tante** тётя *(f) tiotia*
**taper** *(à l'ordinateur)* печатать/напечатать *piétchiatat'/napiétchiatat'*
**tapis** ковёр *(m) kavior*
**tapis de sol** *(pour camping)* подстилка *(f) patstilka*
**tard** поздно *pozna*; **à plus tard** пока *paka*; **trop tard** слишком поздно *slichkam pozna* **117**
**tarif** тариф *(m) tarif* **96**; **plein tarif** полный тариф *(m) polny tarif* **72**
**tarif réduit** льготный тариф *(m) l'gotny tarif* **72**
**tarte** пирог *(m) pirok*
**tasse** чашка *(f) tchiachka*
**taux de change** обменный курс *(m) abmiény kours*
**taxe** пошлина *(f) pochlina*; **hors taxes** беспошлинный *biéspochliny*
**taxe d'aéroport** пошлина *(f)* аэропорта *pochlina aéraporta*
**taxi** такси *(n) taksi*
**te** тебя *tibia*, тебе *tibié (voir grammaire)*
**tee-shirt** футболка *(f) foutbolka*
**téléphone** телефон *(m) tilifon* **38**
**téléphone portable** мобильный телефон *(m) mabil'ny tilifon*, мобильник *(m) mabil'nik* **104**
**téléphoner (à)** звонить/позвонить *(+dat) zvanit'/pazvanit'* **100**
**télésiège** подъёмник *(m) pad-iomnik*
**télévision** телевизор *(m) tilivizar*
**température** температура *(f) tiémpiératoura*; **prendre sa température** измерять/измерить температуру *izmiériat'/izmiérit' tiémpiératourou*
**tempête** буря *(f) bouria*
**temple** храм *(m) hram*
**temporaire** временный *vriémiény*
**temps** *(météo)* погода *(f) pagoda*; *(durée)* время *(n) vriémia*; **de temps en temps** время от времени *vriémia at vriémiéni*; **tout le temps** всё время *fsio vriémia*; **ces derniers temps** в последнее время *f pasliédniéié vriémia*; **avoir le temps de** успевать/успеть *ouspiévat'/ouspiét'* **74**, **117**
**tenir** держать/подержать *diérjat'/padiérjat'*
**tennis** *(sport)* теннис *(m) ténis*; *(chaussures)* кеды *(mpl) kiédy*
**tension** *(artérielle)* давление *(n) davliéniié*
**tente** палатка *(f) palatka*
**terminal** аэровокзал *(m) aéravakzal*
**terrain de camping** площадка *(f)* для кемпинга *plachiatka dlia kiémpinga*
**terrain de golf** площадка *(f)* для гольфа *plachiatka dlia gol'fa*
**terrain de sports** спортивная площадка *(f) spartivnaia plachiatka*
**terrain de tennis** теннисная площадка *(f) ténisnaia plachiatka*
**terrasse** терраса *(f) tiérasa*; **en terrasse** на террасе *na tiérasié*
**terre** земля *(f) ziémlia*; **la Terre** земля *ziémlia*
**terrible** ужасный *oujasny*; **pas terrible** ничего особенного *nitchivo asobiénava*
**tes** твои *tvai (voir grammaire)*

**tête** голова *(f) galava*
**thé** чай *(m) tchiaï*
**théâtre** театр *(m) tiatr*
**thermomètre** термометр *(m) tiérmomiétr*
**thermos®** термос *(m) térmas*
**thon** тунец *(m) touniéts*
**ticket** билет *(m) biliét* **65**, **72**
**ticket de caisse** чек *(m) tchiék*
**tiède** тёплый *tioply*
**tien: le tien/la tienne** твой *tvoï*, твоя *tvaia*, твоё *tvaio (voir grammaire)*
**timbre** марка *(f) marka* **96**
**timide** застенчивый *zastiéntchivy*
**tire-bouchon** штопор *(m) chtopar*
**tire-fesses** подъёмник *(m) pad-iomnik*
**tirer** тянуть/потянуть *tinout'/patinout'*
**tisane** настой *(m)* из трав *nastoï is traf*
**tissu** ткань *(f) tkan'*
**toi** ты *ty*
**toilettes** туалет *(m) toualiét*; **toilettes pour hommes/femmes** мужской/женский туалет *mouchskoï/jénski toualiét*; **affaires de toilette** туалетные принадлежности *toualiétnyié prinadliéjnasti*
**tomate** помидор *(m) pamidor*
**tomber** падать/упасть *padat'/oupast'* **109**; **tomber malade** заболевать/заболеть *zabaliévat'/zabaliét'*; **laisser tomber** ронять/уронить *raniat'/ouranit'*
**ton, ta** твой *tvoï*, твоя *tvaia*, твоё *tvaio (voir grammaire)*
**tongs** вьетнамки *(fpl) v'iétnamki*
**torchon** тряпка *(f) triapka*
**tordre: se tordre la cheville** вывихнуть себе лодыжку *vyvihnout' sibié ladychkou* **109**
**tôt** рано *rana*
**toucher** трогать/тронуть *trogat'/tronout'*
**toujours** всегда *fsigda*
**tour: c'est ton tour** это твоя очередь *éta tvaia otchirit'*
**touriste** турист *(m) tourist*
**touristique** туристический *touristitchiski*
**tournée: c'est ma tournée** я угощаю *ia ougachiaiou*
**tourner** поворачивать/повернуть *pavaratchivat'/paviérnout'*
**tous, toutes** все *fsié*; **tous les deux** оба *oba*; **tous les jours** каждый день *kajdy dién'*
**tousser** кашлять/закашлять *kachliat'/zakachliat'*
**tout** *(pronom)* всё *fsio*
**tout, -e** весь *viés'*, вся *fsia*, всё *fsio* **5**; **tout le temps** всё время *fsio vriémia*; **tout le monde** все *fsié*; **toute la journée** весь день *viés' dién'*; **tout de suite** сейчас *sitchias*; **tout droit** прямо *priama*
**toux** кашель *(m) kachél'*
**tradition** традиция *(f) traditsyia*
**traditionnel** традиционный *traditsyony*
**traduire** переводить/перевести *piériévadit'/piériéviésti*
**train** поезд *(m) poïest* **30**
**traiteur** кулинар *(m) koulinar*
**tramway** трамвай *(m) tramvaï*
**tranche** кусок *(m) kousok* **85**
**tranquille** спокойный *spakoïny*; **laissez-moi tranquille !** оставьте меня в покое! *astaftié minia f pakoïé !*
**transpirer** потеть/вспотеть *patiét'/fspatiét'*
**transsibérien** транссибирский экспресс *(m) transibirski ékspriés*
**travail** работа *(f) rabota*; **travaux** ремонт *(m) rimont*
**travailler** работать *rabotat' (imperf)* **17**
**traveller's cheque** дорожный чек *(m) darojny tchiék*
**travers: à travers** сквозь *skvos'*
**traverser** переходить/перейти *piériéhadit'/piériéïti*
**très** очень *otchin'*
**triste** грустный *grousny*
**tromper (se)** ошибаться/ошибиться *achybatsa/achybitsa* **14**, **102**
**trop** слишком *slichkam*; **trop de** слишком много *(+gén) slichkam mnoga*
**trou** дыра *(f) dyra*
**trousse de toilette** косметичка *(f) kasmiétitch'ka*
**trouver** находить/найти *nahadit'/naïti* **21**, **43**, **63**, **82**; **trouver quelque chose difficile** находить что-то трудным *nahadit' chto ta troudnym* **12**
**truc** штука *(f) chtouka*
**tu** ты *ty*
**tuer** убивать/убить *oubivat'/oubit'*
**Turquie** Турция *(f) tourtsiya*
**TVA** НДС *éndéés*
**type** *(sorte, homme)* тип *(m) tip*
**typique** типичный *tipitch'ny*

## U

**Ukraine** Украина *(f) oukraina*
**un, -e** *(article) (voir grammaire)*
**un** *(nombre)* один *adin*, одна *adna*, одно *adno*
**Union européenne** Европейский союз *(m) iévrapiéïski saious*

**urgence** срочность *(f) srotch'nast'*; **en cas d'urgence** в случае крайней необходимости *(f) sloutchiié kraïniéï niéaphadimasti*; **appeler les urgences** вызвать *(perf)* неотложку *vyzvat' niéatlochkou*
**urgent** срочный *srotch'ny* **113**
**utile** полезный *paliézny*
**utiliser** использовать *(imperf & perf) ispol'zavat'*

## V

**vacances** каникулы *(pl) kanikouly*; **en vacances** на каникулах *na kanikoulah* **18**; **passer les vacances à ...** проводить/провести каникулы в/на ... *pravadit'/praviésti kanikouly v/na ...*
**vacciner: je suis vacciné contre ...** я сделал прививку от *(+gén)* ... *ia sdiélal privifkou at ...* **109**
**vache** корова *(f) karova*
**vague** *(n)* волна *(f) valna*
**vaisselle: faire la vaisselle** мыть *(imperf)* посуду *myt' pasoudou*
**valable (pour)** действительный (для) *diéïstvitiél'ny (dlia)*
**validité** срок *(m)* действия *srok diéïstviia*; **en cours de validité** действительный *diéïstvitiél'ny*
**valise** чемодан *(m) tchimadan*; **faire ses valises** складывать/сложить чемоданы *skladyvat'/slajyt' tchimadany*
**vallée** долина *(f) dalina*
**valoir** стоить *(imperf) stoit'*; **ça vaut ...** *(somme)* это стоит... *éta stoit ...*; **il vaut mieux ...** лучше... *loutché ...* **22**
**vanille** ваниль *(f) vanil'*
**veau** телятина *(f) tiliatina*
**végétarien, -enne** вегетарианец *(m) viégiétarianiéts*, вегетарианка *(f) viégiétarianka*
**vélo** велосипед *(m) viélasipiét*
**vendeur, -euse** продавец *(m) pradaviéts*, продавщица *(f) pradafchitsa*
**vendre** продавать/продать *pradavat'/pradat'*; **à vendre** продаётся *pradaiotsa*
**vendredi** пятница *(f) piatnitsa*
**venir** приезжать/приехать *priiézjat'/priiéhat'*; *(à pied)* приходить/прийти *prihadit'/priti*; **je viens de Paris** я приехал из Парижа *ia priiéhal iz parija*; **je viens d'arriver** я только что приехал *ia tol'ka chto priiéhal*
**vent** ветер *(m) viétiér*
**ventilateur** вентилятор *(m) viéntiliatar*
**ventre** живот *(m) jyvot*
**vérifier** проверять/проверить *praviériat'/praviérit'*
**verre** стакан *(m) stakan* **50**; **verre d'eau/de vin** стакан вина/воды *stakan vina/vady* **51**; **prendre un verre** пить/выпить *pit'/vypit'* **62**
**verrou** задвижка *(f) zadvichka*
**vers** *(en direction de, environ)* к *(+dat) k*
**version: en version originale** недублированный *niédoubliravany*
**vert** зелёный *zilíony*
**veste** пиджак *(m) pidjak*
**vestiaire** гардероб *(m) gardiérop*
**vêtement** одежда *(f) adiéjda*
**vétérinaire** ветеринар *(m) viétiérinar*
**veuf, -ve** вдовец *(m) vdaviéts*, вдова *(f) vdava*
**vexé** обиженный *abijény*
**viande** мясо *(n) miasa*
**viande hachée** рубленое мясо *(n) roubliénaié miasa*
**vide** пустой *poustoï*
**vie** жизнь *(f) jyzn'*
**vieux** *(personne)* старый *stary*; *(chose)* старый *stary*
**villa** вилла *(f) vila*
**village** деревня *(f) diériévnia*
**ville** город *(m) gorat*; **vieille ville** старый город *(m) stary gorat*
**vin** вино *(n) vino*; **vin blanc/rouge/rosé** белое/красное/розовое вино *biélaié/krasnaié/rozavaié vino*
**vinaigre** уксус *(m) ouksous*
**vinaigrette** соус *(m)* для салата *soous dlia salata*
**viol** изнасилование *(n) iznasilavaniié*
**violet** фиолетовый *fialiétavy*
**virement** *(bancaire)* перевод *(m) piériévot* **93**
**visa** виза *(f) viza*
**visite** экскурсия *(f) ékskoursiia*; **rendre visite à** посещать/посетить *(+acc) pasiéchiat'/pasiétit'*
**visite guidée** экскурсия *(f)* с гидом *ékskoursiia s gidam* **73**
**visiter** осматривать/осмотреть *asmatrivat'/asmatriét'* **19**
**vite** быстро *bystra*
**vitesse** скорость *(f) skorast'*; **à toute vitesse** очень быстро *otchin' bystra*

DICTIONNAIRE FR-RUSSE

**vitraux** витражи *(mpl) vitrajy*

**vitre** стекло *(n) stiklo*

**vitrine: en vitrine** на витрине *na vitrinié* **87**

**vivant** живой *jyvoï*

**vivre** жить *jyt'*

**vœux: meilleurs vœux** наилучшие пожелания *nailoutchyié pajélaniia*

**voici** вот *vot*

**voilà** вон *von*

**voile** *(bateau)* парусник *(m) parousnik*

**voir** видеть/увидеть *vidiét'/ouvidiét'*

**voisin** сосед *(m) sasiét*

**voiture** машина *(f) machyna*; *(d'un train)* вагон *(m) vagon*; **en voiture** на машине *na machynié*

**voix** голос *(m) golas*; **à voix haute** громко *gromka*; **à voix basse** тихо *tiha*

**vol** *(criminel)* кража *(f) kraja*; *(d'avion)* полёт *(m) paliot* **27**

**volaille** домашняя птица *(f) damachniaia ptitsa*

**voler** *(dérober)* красть/украсть *krast'/oukrast'* **113**; *(dans l'air)* лететь/полететь *liétiét'/paliétiét'*

**voleur** вор *(m) vor*

**volley(-ball)** волейбол *(m) valiéïbol*

**vomir** рвать *(imperf) rvat'*, **j'ai envie de vomir** меня тошнит *minia tachnit*

**vos** ваши *vachy (voir grammaire)*

**votre** ваш *vach*, ваша *vacha*, ваше *vaché (voir grammaire)*

**vôtre: le/la vôtre** ваш *vach*, ваша *vacha*, ваше *vaché (voir grammaire)*

**vouloir** хотеть *hatiét' (voir grammaire)*; **je voudrais ...** я хотел бы... *ia hatiél by ...* ; **vouloir dire** значить *znatchit'*; **qu'est-ce que ça veut dire ?** что это значит ? *chto éta znatchit ?*

**vous** вы *vy*, вас *vas*, вам *vam (voir grammaire)*

**voyage** путешествие *(n) poutiéchéstviié* **25**; **bon voyage** ! счастливого пути! *chiéslivava pouti !*;

**voyage de noces** свадебное путешествие *(n) svadiébnaié poutiéchéstviié*

**voyage organisé** туристическая поездка *(f) touristitchiskaia paiéstka*

**voyager** путешествовать *(imperf) poutiéchéstvavat'* **86**

**voyelle** гласная (буква) *(f) glasnaia (boukva)*

**vrai** верный *viérny*

**vraiment** действительно *diéïstvitiél'na*

**vue** вид *(m) vit*; **vue sur mer** вид на море *vit na morié*

## W

**walkman®** плейер *(m) pléiér*

**WC** туалет *(m) toualiét*

**week-end** выходные дни *(m) vyhadnyié dni*

**whisky** виски *(n) viski*

## Y

**y** там *tam*

**yaourt** йогурт *(m) iogourt*

**yeux** глаза *(mpl) glaza*

## Z

**zéro** ноль *(m) nol'*

**zoo** зоопарк *(m) zaapark*

**zoom** зум *(m) zoum*

DICTIONNAIRE FR-RUSSE

# DICTIONNAIRE

## RUSSE/FRANÇAIS

### Аа

**аббатство** abbaye
**абонемент** abonnement, forfait
**авария** panne; **попасть в аварию** tomber en panne
**август** août
**авиакомпания** compagnie aérienne
**авиапочта** poste aérienne; **авиапочтой** par avion
**Австрия** Autriche
**автобус** autobus
**адрес** adresse
**адресат** destinataire
**Азия** Asie
**аккумулятор** batterie
**акцент** accent
**аллергический** allergique
**алло** allô
**алфавит** alphabet
**альпинизм** alpinisme
**американец, американка** Américain(e)
**американский** américain
**ангина** angine
**английский** anglais
**англичанин, англичанка** Anglais(e)
**Англия** Angleterre
**анестезия** anesthésie
**антибиотик** antibiotique
**антракт** entracte
**аперитив** apéritif; **выпить аперитив** prendre l'apéritif
**аппендицит** appendicite
**аппетит: приятного аппетита!** bon appétit !
**апрель** avril
**аптека** pharmacie
**арахис** cacahouètes
**архитектура** architecture
**аспирин** aspirine
**астма** asthme
**Атлантический океан** océan Atlantique
**аттракционы** parc d'attractions
**афиша** affiche
**аэровокзал** aérogare
**аэропорт** aéroport
**бабушка** grand-mère
**багаж** bagage
**багажник** coffre *(de voiture)*
**бакалея** épicerie
**балкон** balcon
**бампер** pare-chocs
**банк** banque
**банка** bocal
**банкомат** guichet automatique
**бар** bar
**баран** mouton
**баскетбол** basket-ball
**бассейн** piscine
**батарейка** pile
**батарея** radiateur
**башня** tour

### Бб

**байдарка** kayak
**Балтийское море** mer Baltique
**бег** course
**бедро** hanche
**без** sans
**безопасность** sécurité
**Белоруссия** Biélorussie
**белый** blanc
**бельгиец, бельгийка** Belge
**бельгийский** belge
**Бельгия** Belgique
**бельё** linge; **грязное бельё** linge sale
**бензин** essence
**берег** rive; **на берегу моря** au bord de la mer
**беременная** enceinte
**бесплатный** gratuit
**беспокоиться/побеспокоиться** s'inquiéter
**бесполезный** inutile
**бессонница** insomnie
**библиотека** bibliothèque
**бизнес** affaires *(commerce)*
**билет** billet, ticket

**бинокль** jumelles *(pour voir)*
**благодарить/поблагодарить** remercier
**благодаря** grâce à
**бланк** formulaire
**бледный** pâle
**близкий** proche
**близнецы** jumeaux, jumelles
**блондин** blond
**блюдо** plat
**богатый** riche
**бок** côté
**Болгария** Bulgarie
**болезнь** maladie
**болеть** avoir mal; **у меня болит голова/горло/живот** j'ai mal à la tête/à la gorge/au ventre
**болтать/поболтать** bavarder
**боль** douleur; **зубная боль** mal de dents
**больница** hôpital
**больной** malade
**больше** plus; **гораздо больше** beaucoup plus
**большинство** la plupart
**большой** grand
**борода** barbe
**ботинки** chaussures
**бояться** avoir peur
**брак** défaut de fabrication
**браслет** bracelet
**брат** frère
**брать/взять** prendre; **брать напрокат** louer
**бритва** rasoir
**бриться/побриться** se raser
**бронировать/забронировать** réserver
**бронхит** bronchite
**бросать/бросить** jeter
**брошюра** brochure, prospectus
**брюки** pantalon
**брюнет** brun
**будильник** réveil
**будить/разбудить** réveiller
**будущее** avenir
**буква** lettre *(de l'alphabet)*
**булочная** boulangerie
**бумага** papier
**бумажник** portefeuille
**буря** tempête
**бусы** collier
**бутик** boutique
**бутылка** bouteille
**быстро** vite
**быстрый** rapide
**быть** être
**бюстгальтер** soutien-gorge
**в** dans, à

# Вв

**вагон** wagon
**важный** important
**валюта** devise
**ванна** baignoire, bain; **принимать ванну** prendre un bain
**ванная** salle de bains
**вата** coton
**ваш, ваша, ваше, ваши** votre, vos, le vôtre, la vôtre, les vôtres
**вдовец, вдова** veuf, veuve
**вегетарианец, вегетарианка** végétarien(enne)
**вежливый** poli
**везде** partout
**век** siècle
**Великобритания** Grande Bretagne
**великолепный** splendide
**велосипед** bicyclette
**велосипедная дорожка** piste cyclable
**велосипедный насос** pompe à vélo
**Венгрия** Hongrie
**вентилятор** ventilateur
**верный** fidèle, juste, exact
**вероятно** probablement
**вершина** sommet
**веселиться/повеселиться** s'amuser
**весна** printemps
**весь, вся, всё, все** tout(e), tous, toutes
**ветер** vent
**ветеринар** vétérinaire
**ветровое стекло** pare-brise
**вечер** soir; **вечером** le soir
**вечеринка** soirée *(fête)*
**вешалка** portemanteau
**вещь** chose, affaire
**взрослый** adulte
**вид (на)** vue (sur)
**видеоигра** jeu vidéo
**видеокассета** cassette vidéo
**видеть/увидеть** voir
**виза** visa
**византийский** byzantin
**визитная карточка** carte de visite
**вилка** fourchette
**вилла** villa
**вино** vin; **белое/красное/розовое вино** vin blanc/rouge/rosé
**виноград** raisin
**витражи** vitraux

**витрина** vitrine
**вишня** cerise
**включать/включить** brancher, allumer
**вкус** goût
**вкусный** bon *(savoureux)*
**владелец** propriétaire
**влажный** humide
**вместе** ensemble
**вместо того, чтобы** au lieu de
**внизу** en bas
**внук** petit-fils
**внутри** à l'intérieur
**внучка** petite-fille
**вовремя** à temps
**вода** eau; **минеральная вода с газом/без газа** eau minérale gazeuse/non gazeuse
**водитель такси** chauffeur de taxi
**водительские права** permis de conduire
**водить** conduire
**водные лыжи** ski nautique
**водонагреватель** chauffe-eau
**водопроводчик** plombier
**водоросли** algues
**возвращать/вернуть деньги** rembourser
**возвращаться/вернуться** revenir
**возвращение** retour
**воздух** air
**возможный** possible
**возраст** âge
**вокзал** gare
**волейбол** volley-ball
**волна** vague
**волос** poil
**волосы** cheveux
**вон** voilà
**вопрос** question; **задавать/задать вопрос** poser une question
**вор** voleur
**воскресенье** dimanche
**воспоминание** souvenir
**восхищённый** ravi
**вот** voici
**впечатление** impression
**впрочем** d'ailleurs
**врач** médecin
**временный** provisoire
**время** temps; **во время** pendant; **время года** saison; **всё время** tout le temps
**всё** *voir* **весь**
**все** *voir* **весь**
**всегда** toujours
**всё-таки** quand même
**вспоминать/вспомнить** se rappeler
**вспышка** flash
**вставать/встать** se lever
**встреча** rencontre
**встречать/встретить** rencontrer
**встречаться/встретиться** se rencontrer
**вся** *voir* **весь**
**вторник** mardi
**вход** entrée
**входить/войти** entrer *(à pied)*
**вчера** hier; **вчера вечером** hier soir
**вы** vous
**выбирать/выбрать** choisir
**выбор** choix
**выбрасывать/выбросить** jeter dehors
**вывихнуть лодыжку** se tordre la cheville
**выглядеть** avoir l'air…; **она плохо выглядет** elle a mauvaise mine
**выдача багажа** retrait des bagages
**выемка писем** levée *(courrier)*
**выигрывать/выиграть** gagner
**выключать/выключить** débrancher, éteindre
**выносить/вынести** emporter; **выносить/вынести мусор** descendre les poubelles
**выражать/выразить** exprimer
**выражаться** s'exprimer
**выражение** expression
**высокий** haut
**выставка** exposition
**выход** sortie
**выходить/выйти** sortir *(à pied)*
**выходной день** jour de congé
**вьетнамки** tongs

## Гг

**газ** gaz
**газета** journal
**газетный киоск** kiosque à journaux
**галерея** galerie
**галстук** cravate
**гараж** garage
**гарантия** garantie
**гардероб** vestiaire
**гашиш** haschich
**где** où
**где-то** quelque part
**гель для волос** gel pour les cheveux
**гель для душа** gel douche
**Германия** Allemagne
**гид** guide
**гинеколог** gynécologue

**гипертония** hypertension
**гипотония** hypotension
**гипс** plâtre
**гитара** guitare
**главный** principal
**гладить/выгладить** repasser *(vêtements)*
**глаз** œil
**глубина: в глубине** au fond
**глубокий** profond
**глупый** bête *(adj)*
**глухой** sourd
**говорить/сказать** dire
**год** année
**годовщина свадьбы** anniversaire de mariage
**голландец, голландка** Hollandais(e)
**Голландия** Hollande
**голландский** hollandais
**голова** tête
**голод** faim
**голос** voix
**голый** nu
**гольф** golf
**гомеопатия** homéopathie
**гомосексуалист** homosexuel
**гора** montagne
**гордиться** être fier de
**гореть** brûler
**горло** gorge
**город** ville; **жить за городом** habiter en banlieue; **поехать за город** aller à la campagne; **старый город** vieille ville
**горький** amer
**горячий** chaud
**господин** Monsieur
**госпожа** Madame
**гостеприимный** hospitalier
**гостиница** hôtel
**гость** invité
**государство** État
**готический** gothique
**готовить/приготовить** préparer
**грабить/ограбить** cambrioler; **меня ограбили** on m'a cambriolé
**градус** degré; **5 градусов мороза** il fait moins 5
**грамм** gramme
**грамматика** grammaire
**граница** frontière; **жить за границей** vivre à l'étranger
**графин** carafe
**гребёнка** peigne
**грипп** grippe
**гроза** orage
**громко** fort *(adv)*
**грудь** poitrine
**Грузия** Géorgie
**грузовик** camion
**группа** groupe
**грязный** sale
**грязь** boue, saleté
**губа** lèvre
**губка** éponge
**гулять/погулять** se promener

## Дд

**давать/дать** donner
**даже** même; **даже если** même si
**далеко** loin
**дарить/подарить** offrir
**два** deux
**дверь** porte
**движение** mouvement, circulation
**дворец** palais
**девичья фамилия** nom de jeune fille
**девочка** petite-fille
**девушка** jeune fille
**дедушка** grand-père
**дежурное блюдо** plat du jour
**дезинфицировать** désinfecter
**дезодорант** déodorant
**действительность** réalité
**действительный** valable; **билет действителен один месяц** le billet est valable un mois
**декабрь** décembre
**делать/сделать** faire
**дело** affaire; **на самом деле** en effet; **по делам** pour affaires
**день** jour; **в наши дни** de nos jours; **выходные дни** jours de repos
**день рождения** anniversaire
**деньги** argent
**деревня** village, campagne
**дерево** arbre
**держать/подержать** tenir
**десерт** dessert
**дешёвый** bon marché
**джинсы** jeans
**диапозитив** diapositive
**диабет** diabète
**диета** régime; **быть на диете** être au régime
**дикий** sauvage
**диктовать по буквам** épeler
**дискотека** discothèque
**длительность** durée

**длиться** durer
**для** pour
**до** jusqu'à; **до завтра** à demain
**добро пожаловать!** bienvenue !
**добрый** bon, gentil; **доброе утро** bonjour *(le matin)*; **добрый день** bonjour *(dans la journée)*; **добрый вечер** bonsoir
**доверие** confiance
**довольно** assez; **довольно плохо** assez mal
**довольный** content
**дождь** pluie; **идёт дождь** il pleut
**долго** longtemps
**долина** vallée
**дом** maison; **дома** à la maison
**домашнее хозяйство** ménage; **заниматься домашним хозяйством** faire le ménage
**дополнительный** supplémentaire
**дорога** chemin
**дорожная фляга** gourde
**дорожный знак** panneau de signalisation
**дорожный чек** chèque de voyage
**досадно!** c'est dommage !
**достаточно** assez *(suffisamment)*
**доступ** accès
**доступный** accessible, abordable
**дочка** fille *(de parents)*
**драка** bagarre
**древний** ancien
**друг** ami
**другой** autre
**думать** penser
**духи** parfum
**духовка** four
**душ** douche; **принимать душ** prendre une douche
**дыра** trou
**дядя** oncle

## Ее

**евро** euro
**Европа** Europe
**европейский** européen
**европейский союз** Union européenne
**еда** nourriture
**едва** à peine
**есть** il y a
**есть** manger; **мне хочется есть** j'ai faim
**ехать/поехать** aller *(en voiture, car, train)*
**ещё** encore

## Жж

**жажда** soif
**жалеть/пожалеть** regretter
**жалить/ужалить** piquer *(insecte)*
**жаловаться/пожаловаться** se plaindre
**жаль!** dommage !
**жара** chaleur
**жаркий** chaud; **жарко** il fait chaud
**жвачка** chewing-gum
**ждать** attendre
**жёлтый** jaune
**желудок** estomac
**жена** femme *(épouse)*
**женатый** marié
**жених** fiancé
**женщина** femme
**жёсткий диск** disque dur
**живой** vivant
**живопись** peinture
**живот** ventre
**животное** animal
**жидкость для мытья посуды** liquide vaisselle
**жизнь** vie
**жильё** logement
**жирный** gras
**жить** vivre
**журнал** revue, magazine

## Зз

**за** derrière
**забавный** amusant
**заблудиться** se perdre
**заболевать/заболеть** tomber malade
**забота** souci, soin
**забывать/забыть** oublier
**зависеть** dépendre
**завод** usine
**завтра** demain
**завтрак** petit déjeuner
**завтракать/позавтракать** prendre le petit déjeuner
**загорать/загореть** prendre le soleil
**загорелый** bronzé
**заело** bloqué, coincé
**зажигалка** briquet
**зажигать/зажечь** allumer
**заказанный** réservé
**заказное письмо** lettre recommandée
**заказывать/заказать** commander
**закрывать/закрыть** fermer

**закрытый** fermé
**залог** caution
**замечательный** remarquable
**замечать/заметить** remarquer
**замужем** mariée
**заниматься** s'occuper (de)
**занятой** occupé
**запад** ouest
**запасная часть** pièce de rechange
**запасный выход** sortie de secours
**запах** odeur
**записывать/записать** inscrire, noter
**записываться/записаться** s'inscrire
**заполнять/заполнить** remplir
**запор** constipation
**заправочная станция** station-service
**запрещённый** interdit
**заразный** contagieux
**заранее** à l'avance
**заряжать/зарядить** recharger *(portable)*
**заходить/зайти** passer *(chez quelqu'un)*
**защищаться/защититься** se défendre
**заявление** déclaration *(de vol, perte)*
**звать/позвать** appeler
**звонить/позвонить** téléphoner
**звонок** coup de téléphone
**здание** bâtiment
**здесь** ici
**здоровье** santé; **будь здоров!** à tes souhaits !; **за ваше здоровье!** à votre santé !
**зелёный** vert
**земля** terre
**зеркало** miroir
**зима** hiver
**злой** méchant
**знак** signe
**знакомый** *(adj)* connu
**знакомый** *(n)* connaissance
**знамя** drapeau
**знания** connaissances
**знать** savoir
**значение** signification
**значить** vouloir dire, signifier
**золото** or
**зонт от солнца** parasol
**зонтик** parapluie
**зоопарк** zoo
**зрелый** mûr
**зуб** dent
**зубная паста** dentifrice
**зубная щётка** brosse à dents
**зубной врач** dentiste
**зум** zoom
**зять** gendre, beau-frère

## Ии

**и** et
**игра** jeu
**играть** jouer
**игрушка** jouet
**идея** idée
**идиот** idiot *(n)*
**идти/пойти** aller *(à pied)*; **идти за кем-то/за чем-то** aller chercher quelque chose/quelqu'un
**известный** connu
**извинение** excuse
**извини!** excuse-moi !; **извините!** excusez-moi !
**извиняться/извиниться** s'excuser
**изделие** article, produit
**из-за** à cause de
**измерять/измерить** mesurer; **измерять/измерить температуру** prendre sa température
**изучать** apprendre
**икона** icône
**или** ou
**имя** prénom
**иначе** autrement
**инвалид** handicapé
**инвалидная коляска** fauteuil roulant
**индекс** code postal
**инициалы** initiales
**иногда** parfois
**иностранец, иностранка** étranger
**инсектицид** insecticide
**инструмент** instrument
**интересный** intéressant
**интернет** Internet
**интернет-кафе** café Internet
**инфекция** infection
**информация** information
**искать** chercher
**исключительный** exceptionnel
**искусство** art
**испанец, испанка** Espagnol(e)
**Испания** Espagne
**испанский** espagnol
**использовать** utiliser
**испорченный** abîmé
**история** histoire
**исчезать/исчезнуть** disparaître
**Италия** Italie
**итальянец, итальянка** Italien(enne)
**итальянский** italien

**июль** juillet
**июнь** juin

## Кк

**каблук** talon
**Кавказ** Caucase
**кадрить** draguer
**каждый** chaque; **каждый день** chaque jour; **каждый раз** chaque fois
**кажется** il paraît
**казак, казачка** Cosaque
**как** comment; **как дела?** comment ça va ?; **как раз** justement; **как только** dès que
**какой, какая, какое, какие** quel, quelle, quels, quelles
**кальсоны** caleçon
**камера хранения** consigne
**каникулы** vacances *(scolaires)*; **на каникулах** pendant les vacances
**карандаш** crayon
**кариес** carie
**карман** poche
**карта** carte
**картина** tableau
**Каспийское море** mer Caspienne
**касса** caisse
**кастрюля** casserole
**катастрофа** catastrophe
**католический** catholique
**кафе** café
**качество** qualité; **хорошего качества** de bonne qualité
**кашель** toux
**кашлять/закашлять** tousser
**каштан** châtaigne, marron
**каштановый** châtain
**квартал** quartier
**квартира** appartement
**квартплата** loyer
**квитанция** reçu
**кеды** chaussures de sport, tennis
**кемпинг** camping
**кепка** casquette
**километр** kilomètre
**кино** cinéma
**китаец, китаянка** Chinois(e)
**Китай** Chine
**китайский** chinois
**кладбище** cimetière
**класс** classe; **бизнесс/экономический класс** classe affaires/économique
**классический** classique
**клей** colle
**климат** climat
**клуб** club
**ключ** clé
**книга** livre
**книжный магазин** librairie
**ковёр** tapis
**когда** quand
**код** code; **секретный код** code confidentiel; **входной ход** code d'entrée
**кожа** peau, cuir
**коза** chèvre
**колбасная** charcuterie *(magasin)*
**колготы** collants
**колебаться/поколебаться** hésiter
**колено** genou
**колесо** roue; **запасное колесо** roue de secours
**колокол** cloche
**колокольня** clocher
**кольцо** anneau, bague, alliance; **кольцевая линия** ligne circulaire *(de métro)*
**коляска детская складная** poussette
**комар** moustique
**комиссионные** commission
**комната** chambre; **комната в наём** chambre d'hôte
**компьютер** ordinateur
**конверт** enveloppe
**кондитерская** confiserie
**кондиционер** climatisation
**конец** fin; **в конце** à la fin; **в конце концов** finalement
**конечно** bien sûr
**консервная банка** boîte de conserve
**консульство** consulat
**контакт** contact; **поддерживать контакт** garder contact
**контракт** contrat
**конференция** conférence
**конфета** bonbon
**концерт** concert
**кончать/кончить** finir
**координаты** coordonnées
**корабль** bateau
**коричневый** marron, brun
**коробка** boîte
**коробка скоростей** boîte de vitesses
**корова** vache
**королева** reine
**король** roi
**короткий** court
**косметичка** trousse de toilette
**костюм** costume
**кот** chat

**кофе** café; **кофе со сливками** café crème
**кошелёк** porte-monnaie
**красивый** beau
**красный** rouge
**красть/украсть** voler
**кредитная карточка** carte de crédit
**крем** crème; **увлажняющий крем** crème hydratante; **крем для бритья** mousse à raser; **крем от солнца** crème solaire; **крем после загара** lait après-soleil
**крепкий** fort
**крепостные стены** remparts
**крест** croix
**кризис** crise
**кровать** lit
**кровообращение** circulation *(sanguine)*
**кровь** sang
**кроме** sauf
**круиз** croisière
**Крым** Crimée
**кто** qui
**кто-то** quelqu'un
**куда** où
**купальник** maillot de bain
**купаться** se baigner
**купе** compartiment
**курить/закурить** fumer
**курица** poule
**курс: быть в курсе** être au courant
**куртка** blouson
**курящий** fumeur
**кусок** morceau
**кустарный** artisanal
**кухня** cuisine

## Лл

**ладно** d'accord
**лампа** lampe
**лампочка** ampoule
**лгать/солгать** mentir
**левый** gauche
**легко** facile
**лёгкое** poumon
**лёд** glace, glaçon
**лекарство** médicament
**лента** ruban
**лес** forêt
**лесной орех** noisette
**лестница** escalier
**лето** été
**лечить/полечить** soigner
**линзы** lentilles *(de contact)*
**линия** ligne; **линия метро** ligne de métro; **автобусная линия** ligne de bus
**лист** feuille
**литр** litre
**лифт** ascenseur
**лицей** lycée
**лоб** front
**ловить/поймать** attraper; **ловить рыбу** pêcher
**лодыжка** cheville
**ложиться/лечь** se coucher
**ложка** cuillère; **чайная/столовая ложка** cuillère à café/soupe
**ломать/сломать** casser; **сломать ногу** se casser la jambe
**лошадь** cheval
**луна** lune
**лучше** mieux, meilleur; **тем лучше** tant mieux; **самый лучший** le mieux, le meilleur; **лучше чем** mieux que, meilleur que
**лыжи** ski; **кататься на лыжах** faire du ski
**лыжная палка** bâton de ski
**лыжная станция** station de ski
**льготный тариф** tarif réduit
**любимый** préféré
**любить** aimer
**любовь** amour
**любопытный** curieux
**люди** gens

## Мм

**магазин** magasin
**мазь** pommade
**май** mai
**максимум** maximum
**маленький** petit
**мало** peu
**мангал** barbecue
**марка** timbre
**март** mars
**матрас** matelas
**матч** match
**мать** mère
**машина** voiture
**медленно** lentement
**медовый месяц** lune de miel
**медсестра** infirmière
**между** entre
**международный** international
**мелочь** petite monnaie
**менструация** règles
**меньше** moins
**меню** menu

**менять/поменять** changer
**мера** mesure; **по крайней мере** au moins
**мёртвый** mort
**местное время** heure locale
**местность** région
**место** place *(lieu)*; **мест нет** complet; **место занято** la place est occupée
**месяц** mois
**метр** mètre
**метро** métro
**мечеть** mosquée
**мечтать** rêver
**мешать/помешать** déranger
**микроволновая печь** four à micro-ondes
**микстура** sirop
**милиционер** agent de police
**милиция** police
**милый** gentil
**минеральная вода** eau minérale
**минимум** minimum
**минута** minute
**мир** monde, paix
**мнение** opinion
**много** beaucoup
**мобильный телефон** téléphone portable
**мода** mode; **модный** à la mode
**можно** on peut; **как можно раньше** le plus tôt possible
**мой, моя, моё, мои** mon, ma, mes
**мокрый** mouillé
**Молдавия** Moldavie
**молодой** jeune
**молодой человек** jeune homme
**молоко** lait
**момент** moment
**монастырь** monastère
**монета** pièce de monnaie
**море** mer
**мороз** gel, froid
**морозильник** congélateur
**морская болезнь** mal de mer
**мост** pont
**мотор** moteur
**мотороллер** scooter
**мотоцикл** motocyclette
**мочь/смочь** pouvoir; **может быть** peut-être
**мудрый** sage
**муж** mari
**музей** musée
**музыка** musique
**музыкальный центр** chaîne stéréo
**муравей** fourmi
**мускул** muscle
**мусор** ordures
**мусорное ведро** poubelle
**мусульманский** musulman
**муха** mouche
**мы** nous
**мыло** savon
**мыть/помыть** laver; **мыть зубы/волосы** se laver les dents/les cheveux
**мыться/помыться** se laver
**мышь** souris
**мэрия** mairie
**мясной магазин** boucherie
**мяч** ballon
**мячик** balle

## Нн

**на** sur, à
**наверняка** sûrement
**наверху** en haut
**наволочка** taie d'oreiller
**над** au dessus de
**надёжный** fiable
**надеяться** espérer
**надо** il faut; **надо идти** il faut y aller
**надоесть: мне надоело** j'en ai assez
**надувательство** arnaque
**надувной матрас** matelas pneumatique
**наём** location
**нажимать/нажать на** appuyer sur
**назад** en arrière; **два года тому назад** il y a 2 ans
**название** nom; **называться** s'appeler
**наконец** enfin
**наоборот** au contraire
**нападать/напасть** attaquer; **на меня напали** j'ai été agressé
**напиток** boisson
**напоминать/напомнить** rappeler
**направление** direction
**напротив** en face
**наркотик** drogue
**народ** peuple, gens
**нарочно** exprès
**насекомое** insecte
**насилие** violence
**насморк** rhume
**насос** pompe
**наука** science
**находить/найти** trouver
**национальность** nationalité
**национальный праздник** fête nationale
**начало** début; **в начале** au début
**начальник** chef

**начинать/начать** commencer
**начинающий** débutant
**наш, наша, наше** notre, le/la nôtre
**наши** nos, les nôtres
**НДС** TVA
**небо** ciel
**невероятный** incroyable
**невеста** fiancée
**негатив** négatif *(d'une photo)*
**недавно** récemment
**недалеко от** près de
**неделя** semaine; **на неделе** en semaine; **всю неделю** toute la semaine
**недоразумение** malentendu
**недостаток** défaut
**недублированный** en version originale
**независимый** indépendant
**некоторый** quelque
**некрасивый** laid
**немец, немка** Allemand(e)
**немецкий** allemand
**немного** peu
**немой** muet
**ненавидеть** détester
**необходимость** nécessité; **в случае необходимости** en cas de nécessité
**необходимый** indispensable
**неотложка** ambulance
**неправильный** faux, inexact
**неприятный** désagréable
**непромокаемый плащ** imperméable
**несколько** plusieurs
**несчастный случай** accident
**несчастье** malheur; **к несчастью** malheureusement
**нет** non; **совсем нет** pas du tout
**нигде** nulle part
**Нидерланды** Pays-Bas
**нижнее бельё** sous-vêtement
**низкий** bas
**никакой** aucun
**никогда** jamais
**никто** personne
**ничего** rien; **ничего особенного** rien de spécial
**но** mais
**новости** informations *(à la radio, télévision)*
**новость** nouvelle
**новый** nouveau; **с новым годом!** bonne année !
**новый год** Nouvel An
**нога** pied, jambe
**ноготь** ongle
**ножницы** ciseaux
**ноль** zéro
**номер** numéro, chambre d'hôtel; **номер телефона** numéro de téléphone
**нормальный** normal
**нос** nez
**носить** porter
**носки** chaussettes
**носовой платок** mouchoir
**ночная рубашка** chemise de nuit
**ночь** nuit
**ноябрь** novembre
**нравиться/понравиться** plaire; **это мне нравится** ça me plaît
**нужно** il faut; **нужно обменять деньги** il faut changer de l'argent
**нужный** nécessaire
**няня** baby-sitter

## Oo

**оба** tous les deux, ensemble
**обед** déjeuner *(n)*
**обедать/пообедать** déjeuner *(v)*
**обёрточная бумага** papier d'emballage
**обещать** promettre
**обжигаться** se brûler
**облако** nuage
**обменный курс** taux de change
**обменять** changer *(devises)*
**обморок: упасть в обморок** s'évanouir
**обожать** adorer
**обстановка** ambiance, situation
**общество** société
**объяснять/объяснить** expliquer
**обычно** d'habitude
**огонь** feu
**ограбление** cambriolage
**одалживать/одолжить** prêter
**одеваться/одеться** s'habiller
**одежда** vêtement
**один, одна** un, une
**однокомнатная квартира** studio
**оживлённый** animé
**ожог** brûlure
**озеро** lac
**океан** océan
**окно** fenêtre
**около** près (de)
**октябрь** octobre
**он, она, оно** il, elle
**они** ils, elles
**опаздывать/опоздать** être en retard
**опасный** dangereux
**опера** opéra

**операция** opération; **делать операцию** opérèr
**опоздание** retard
**опрокидывать/опрокинуть** renverser
**оптик** opticien
**опухший** enflé
**организовать** organiser
**оригинальный** original
**оркестр** orchestre
**оса** guêpe
**осень** automne
**осматривать/осмотреть** visiter
**оставаться/остаться** rester
**оставлять/оставить** laisser; **оставьте меня в покое** laissez-moi tranquille
**останавливать/остановить** arrêter
**останавливаться/остановиться** s'arrêter
**остановка** arrêt; **остановка автобуса** arrêt de bus
**осторожно** attention
**остров** île
**острый** fort, piquant
**отвозить/отвезти** emmener en voiture
**отдел** rayon *(dans un magasin)*
**отделение милиции** poste de police
**отдельно** séparément
**отдыхать/отдохнуть** se reposer
**отец** père
**отказываться/отказаться** refuser
**открывать/открыть** ouvrir
**открывашка** ouvre-boîtes
**открытка** carte postale
**открытый** ouvert
**откуда** d'où
**отлив** marée basse
**отличный** remarquable
**отменять/отменить** annuler
**относиться** dater de
**отопление** chauffage
**отправитель** expéditeur
**отходить/отойти** s'éloigner
**отъезд** départ
**официант/официантка** serveur(euse)
**очаровательный** ravissant
**очевидный** évident
**очень** très
**очередь** queue; **стоять в очереди** faire la queue; **это твоя очередь** c'est ton tour
**очки** lunettes
**ошибаться/ошибиться** se tromper
**ошибка** faute, erreur

## Пп

**падать/упасть** tomber
**пакет** sac plastique
**палатка** tente; **жить в палатке** faire du camping
**палец** doigt
**пальто** manteau
**памперс** couche *(pour enfant)*
**памятник** monument
**память** mémoire
**папиросная бумага** papier à cigarettes
**парикмахер** coiffeur
**парк** parc
**паром** bac *(bateau)*
**парус** bateau à voile
**паспорт** passeport
**пассажир** passager
**пасха** Pâques; **С пасхой!** Joyeuses Pâques !
**пахнуть/запахнуть** sentir; **пахнет хорошо/плохо** ça sent bon/mauvais
**пачка** boîte
**пачкать/испачкать** tacher
**пачкаться/испачкаться** se tacher
**пейзаж** paysage
**пепельница** cendrier
**первое блюдо** entrée, soupe
**первый** premier
**первый этаж** rez-de-chaussée
**перевод** traduction, mandat
**переводить/перевести** traduire
**перед** devant
**передача** émission *(de télévision)*
**передний** de devant; **переднее колесо** roue avant
**передумать** changer d'avis
**пережаренный** trop cuit
**перезванивать/перезвонить** rappeler au téléphone
**перемена** changement
**переодеваться** se changer *(vêtements)*
**переполненный** bondé
**пересадка** changement *(de métro, de train)*
**переходить/перейти** traverser
**переходник** adaptateur
**перчатка** gant
**песня** chanson
**песок** sable
**печатать/напечатать** taper *(à l'ordinateur)*
**печень** foie
**печь** *(n)* four
**печь** *(v)* cuire au four
**пешеход** piéton

**пешеходная улица** rue piétonne
**пешком** à pied
**пиво** bière; **пиво в разлив** bière pression
**пиджак** veste
**пижама** pyjama
**пинцет** pince à épiler
**писать/написать** écrire
**писчебумажный магазин** papeterie
**письмо** lettre
**пить/выпить** boire; **мне хочется пить** j'ai soif
**питьевая вода** eau potable
**пища** nourriture
**пищевое отравление** intoxication alimentaire
**плавание** natation
**плавать** nager
**плавки** slip de bain
**плакать/заплакать** pleurer
**пластмасса** plastique
**пластырь** pansement
**плата** paiement; **плата за проезд** coût du trajet
**платить/заплатить** payer; **платить наличными** payer en espèces
**платный** payant
**платок** foulard
**платформа** quai
**платье** robe
**плейер** walkman®
**плёнка** pellicule
**плечо** épaule
**плита** cuisinière
**пломба** plombage
**плохо** mal; **очень плохо** très mal
**плохой** mauvais
**площадка для тенниса** court de tennis
**площадь** place
**пляж** plage
**повар** cuisinier
**поворачивать/повернуть** tourner
**поворотник** clignotant
**погода** temps
**под** sous
**подарок** cadeau
**подбородок** menton
**подвозить** déposer
**подержанный** d'occasion
**подлинный** authentique
**подписывать/подписать** signer
**подросток** adolescent
**подруга** amie
**подтверждать/подтвердить** confirmer; **подтверждение о получении** accusé de réception
**подушка** oreiller, coussin
**подъёмник** remontée mécanique
**поезд** train
**поездка** voyage
**пожар** incendie
**пожарные** pompiers
**пожелание** souhait; **наилучшие пожелания** meilleurs voeux
**пожилой** âgé
**позавчера** avant-hier
**позволять/позволить** permettre
**поздно** tard
**поздравлять/поздравить** féliciter
**пока!** à plus tard !
**показывать/показать** montrer
**покупать/купить** acheter
**покупка** achat; **делать покупки** faire des courses
**пол** plancher, sexe *(genre)*
**полдень** midi
**полдник** goûter *(n)*
**полезный** utile
**пол-литра** un demi-litre
**полночь** minuit
**полный** plein; **полный бак бензина** le plein d'essence
**половина** moitié
**положение** situation
**полотенце** serviette
**получать/получить** recevoir
**полчаса** une demi-heure
**пользоваться/воспользоваться** utiliser
**Польша** Pologne
**помогать/помочь** aider
**помощь** aide, secours; **звать на помощь** appeler au secours
**понедельник** lundi
**понимать/понять** comprendre
**понос** diarrhée
**порт** port
**портативный компьютер** ordinateur portable
**портить/испортить** abîmer
**портрет** portrait
**посадка** embarquement, atterrissage
**посещать/посетить** visiter, aller voir
**после** après; **после завтра** après-demain
**последний** dernier; **в последний момент** au dernier moment
**посольство** ambassade
**постепенно** petit à petit
**построенный** construit

**посуда** vaisselle; **мыть посуду** faire la vaisselle
**посудомоечная машина** lave-vaisselle
**посылка** envoi, paquet
**потом** après
**потому что** parce que
**потрясающий** super
**поход** randonnée
**походная газовая плитка** réchaud
**похожий: быть похожим на** ressembler à
**похороны** enterrement
**поцелуй** baiser
**почему** pourquoi
**почта** poste
**почтальон** facteur
**почти** presque
**почтовое отделение** bureau de poste
**почтовый ящик** boîte aux lettres
**пошлина** taxe; **без пошлины** hors taxe
**пояс** ceinture
**правильный** juste, exact
**право** droit; **иметь право** avoir le droit
**праздник** fête
**прачечная** laverie
**пребывание** séjour
**предельный срок** date limite
**предлагать/предложить** proposer
**предохранитель** fusible
**предпочитать** préférer
**предприятие** entreprise
**представлять/представить** présenter
**предупреждать/предупредить** prévenir
**предусматривать/предусмотреть** prévoir
**предъявлять** déclarer *(à la douane)*
**предыдущий** précédent
**презерватив** préservatif
**преподаватель** enseignant
**приблизительно** environ, à peu près
**привет** salut
**прививка** vaccin
**привычка** habitude; **иметь привычку** avoir l'habitude
**приглашать/пригласить** inviter
**пригород** banlieue
**придумывать/придумать** imaginer, inventer
**приезд** arrivée
**приезжать/приехать** arriver *(en voiture, bus, train)*
**приём** réception
**прилив** marée haute
**примерочная** cabine d'essayage
**принимать/принять** accueillir; **принимать душ** prendre une douche; **принимать лекарство** prendre un médicament
**приносить/принести** apporter
**природа** nature
**приступ** accès, crise
**приступ аппендицита** crise d'appendicite
**приходить/прийти** arriver *(à pied)*
**прицеп** caravane
**приятель** ami
**приятно** agréable
**пробка** bouchon, embouteillage
**проблема** problème
**пробовать/попробовать** essayer
**проверять/проверить** vérifier
**проводить/провести** passer; **проводить/провести каникулы** passer ses vacances
**провожать/проводить** accompagner
**прогноз погоды** météo
**программа** programme
**прогулка** promenade
**продавать/продать** vendre
**продавец/продавщица** vendeur(euse)
**продажа** vente
**продолжать** continuer
**проездом** de passage; **я здесь только проездом** je suis seulement de passage
**прожареный** à point
**прозвище** surnom
**произведение искусства** œuvre d'art
**происхождение** origine
**прокат** location
**прокладки** serviettes hygiéniques
**пропадать/пропасть** disparaître
**просить/попросить** demander
**проспект** avenue
**просроченный** périmé
**простите** excusez-moi
**простой** simple
**простудиться** s'enrhumer
**простыня** drap
**просыпаться/проснуться** se réveiller
**протестантский** protestant
**против** contre
**противозачаточное средство** contraceptif
**профессия** profession
**прохладный** frais
**процент** pourcentage
**прошлое** passé; **в прошлом году** l'année dernière
**проявлять/проявить** développer

**прямо** tout droit
**пряник** pain d'épice
**пряность** épice
**птица** oiseau
**публика** public *(n)*
**публичный** public *(adj)*
**пуговица** bouton *(de vêtement)*
**пустой** vide
**пустыня** désert
**путеводитель** guide *(livre)*
**путешествие** voyage
**путешествовать** voyager
**путь** chemin; **счастливого пути!** bon voyage !
**пьеса** pièce de théâtre
**пьяный** soûl
**пятница** vendredi
**пятно** tache

## Рр

**работа** travail; **ручная работа** fait main
**работать** travailler
**равный** égal; **мне всё равно** ça m'est égal
**радио** radio
**раз** fois
**развалины** ruines
**разведённый** divorcé
**разворот** demi-tour
**разделять/разделить** partager, diviser
**раздражать** agacer
**размер** taille, pointure
**размещать/разместить** installer
**разница во времени** décalage horaire
**разовый** jetable
**разочарованный** déçu
**разрушенный** détruit
**рак** écrevisse, cancer
**ракетка** raquette
**рана** blessure
**раненый** blessé
**рано** tôt
**раньше** avant
**расписание** horaire
**распродажа** soldes
**рассказывать/рассказать** raconter
**расслабиться** se détendre
**расставаться/расстаться** se séparer
**растение** plante
**расти/вырасти** grandir
**рвать/вырвать** vomir; **меня вырвало** j'ai vomi
**ребёнок** enfant
**ревматизм** rhumatisme
**регистрация багажа** enregistrement des bagages
**редко** rare
**резать/порезать** couper
**рейсовый автобус** navette
**река** rivière, fleuve
**реклама** publicité
**рекомендовать/порекомендовать** recommander
**ремонт** travaux
**ремонтировать/отремонтировать** réparer
**рентген** radioscopie
**рентгеновские лучи** rayons X
**репатриировать** rapatrier
**ресторан** restaurant
**рецепт** recette, ordonnance
**решать/решить** décider
**риск** risque
**рисковать** risquer
**рисунок** dessin
**родители** parents
**рождаться/родиться** naître
**рождество** Noël; **С рождеством!** Joyeux Noël !
**роза** rose
**розетка** prise *(électrique)*
**ром** rhum
**роман** roman *(n)*
**романский** roman *(adj)*
**роскошный** luxueux
**Россия** Russie
**рот** bouche
**рубашка** chemise
**рука** bras, main
**рукав** manche
**Румыния** Roumanie
**русский, русская** russe, Russe
**ручка** poignée, stylo
**ручная кладь** bagage à main
**ручной тормоз** frein à main
**рыжий** roux
**рынок** marché
**рюкзак** sac à dos

## Сс

**с** avec
**сад** jardin
**садиться/сесть** s'asseoir; **сесть в поезд** prendre le train
**сайт интернет** site Internet
**салфетка** serviette
**салют** feux d'artifice

**сам: он сам** lui-même; **она сама** elle-même
**самолёт** avion
**самый: самый красивый** le plus beau; **тот же самый** le même
**сандали** sandales
**сантиметр** centimètre
**сапоги** bottes
**свадебное путешествие** voyage de noces
**свадьба** noce, mariage
**свежий** frais
**свет** lumière
**светлый** clair
**светофор** feu *(à un carrefour)*
**свеча** bougie, suppositoire
**свинья** cochon
**свитер** pull
**свободный** libre
**священник** prêtre
**север** nord
**Северное море** mer du Nord
**сегодня** aujourd'hui
**сегодня вечером** ce soir
**сейчас** maintenant
**секрет** secret
**секс** sexe
**секунда** seconde
**семья** famille
**сентябрь** septembre
**сердечник** cardiaque
**сердечный приступ** crise cardiaque
**сердитый** fâché
**сердиться** se fâcher
**сердце** cœur
**серебро** argent *(métal)*
**середина** milieu; **в середине** au milieu
**серфинг** surf
**серый** gris
**серьги** boucles d'oreilles
**серьёзный** sérieux
**сестра** sœur
**Сибирь** Sibérie
**сигара** cigare
**сигарета** cigarette
**сильный** fort
**синагога** synagogue
**синий** bleu *(adj)*
**синяк** bleu *(n) (sur la peau)*
**скала** rocher
**сквозь** à travers
**скидка** remise, promotion
**скидки** soldes
**складывать/сложить** ranger; **складывать/сложить чемодан** faire sa valise
**сковорода** poêle
**сколько** combien; **сколько это стоит?** combien ça coûte ?; **сколько тебе лет?** quel âge as-tu ?
**скорая помощь** ambulance
**скоро** bientôt; **до скорого** à bientôt
**скорость** vitesse
**скорый поезд** train rapide
**скульптура** sculpture
**скучать** s'ennuyer
**слабый** faible
**слева (от)** à gauche (de)
**следовать** suivre
**следующий** suivant
**слепой** aveugle
**слишком** trop
**Словакия** Slovaquie
**словарь** dictionnaire
**слово** mot
**сломанный** cassé
**служба** service
**служить/послужить** servir
**случай** cas, occasion; **в случае, если ...** au cas où ...
**случайно** par hasard
**слушать/послушать** écouter
**смешивать/смешать** mélanger
**смешной** drôle
**смеяться** rire
**смотреть/посмотреть** regarder
**сначала** au début
**снег** neige; **идёт снег** il neige
**снимать/снять** enlever, prendre une photo
**снимок: делать снимки** prendre des photos
**снова** à nouveau
**снотворное** somnifère
**собака** chien, arobase
**собор** cathédrale
**собрание** réunion
**собственный** propre *(particulier)*
**совершенно** totalement
**совет** conseil; **просить совета у** demander conseil à
**советовать/посоветовать** conseiller
**современный** contemporain
**Соединённые Штаты (Америки)** États-Unis
**солнечная ванна** bain de soleil
**солнечный удар** coup de soleil
**солнце** soleil
**соль** sel

**сон** sommeil, rêve
**сообщать/сообщить** communiquer
**сопровождать** accompagner
**сосед** voisin
**состояние** état
**сохнуть/высохнуть** sécher
**сохранять/сохранить** garder, conserver
**спасательный круг** bouée
**спасибо** merci; **большое спасибо** merci beaucoup
**спать** dormir; **спать под открытым небом** dormir à la belle étoile; **мне хочется спать** j'ai sommeil
**спектакль** spectacle
**специальность** spécialité
**специальный** spécial
**спешить/поспешить** se dépêcher
**спид** sida
**спина** dos
**спираль** stérilet
**спирт** alcool
**спичка** allumette
**спокойной ночи** bonne nuit
**спокойный** tranquille, calme
**спорт** sport
**спортивная площадка** terrain de sport
**спортивный** sportif
**спортивный костюм** survêtement
**способ** moyen *(n)*
**справедливый** juste
**справка** renseignement
**справочная** renseignements *(au téléphone)*
**справочник** annuaire
**спрашивать/спросить** demander, interroger
**спуск воды** chasse d'eau
**спускать/спустить** se dégonfler
**среда** mercredi
**среди** parmi
**Средиземное море** mer Méditerranée
**средний** moyen *(adj)*
**средство** remède, moyen
**срок истечения** date d'expiration
**срок** délai
**срочность** urgence
**срочный** urgent
**ссориться/поссориться** se disputer
**ставить/поставить** mettre; **ставить/поставить машину** se garer
**стадион** stade
**стажировка** stage
**стакан** verre
**становиться/стать** devenir
**станция** station
**станция метро** station de métro
**станция обслуживания** station-service
**стараться/постараться** essayer
**старый** vieux
**статуя** statue
**стекло** verre *(vitre)*
**стена** mur
**стиль** style
**стиральная машина** machine à laver
**стиральный порошок** lessive
**стирать/постирать** faire la lessive
**стирка** lavage, lessive
**стоить** coûter
**стол** table
**стоп** stop
**сторож** gardien
**сторона** côté
**стоянка** arrêt
**страдать/пострадать** souffrir
**страна** pays
**страница** page
**странный** étrange
**страх** peur
**страховка** assurance
**страховка от всех рисков** assurance tous risques
**стресс** stress
**студент/студентка** étudiant(e)
**стул** chaise
**ступенька** marche
**суббота** samedi
**сумасшедший** fou
**сумка** sac
**супруга** épouse
**сутки** 24 heures
**сухой** sec
**сушить** faire sécher
**сцепление** embrayage
**счастливый** heureux
**счастье** bonheur; **к счастью** heureusement
**счёт** addition, compte *(bancaire)*; **работать на свой счёт** travailler à son compte
**счётчик** compteur
**считать** compter
**сын** fils
**сырой** humide

## Тт

**табак** tabac
**табачный киоск** kiosque à tabac
**таблетка** comprimé
**так** ainsi; **так как** étant donné que

**также** aussi
**такси** taxi
**талия** taille *(partie du corps)*
**там** là-bas
**таможня** douane
**тампон** tampon hygiénique
**таракан** cafard
**тарелка** assiette
**тариф** tarif
**твёрдый** dur
**твой, твоя, твоё** ton, ta, tes
**театр** théâtre
**телевизор** télévision
**тележка** chariot
**телефон** téléphone
**телефон-автомат** cabine téléphonique
**телефонистка** standardiste
**телефонная карточка** carte de téléphone
**телефонный справочник** annuaire
**тело** corps
**тёмные очки** lunettes de soleil
**тёмный** sombre
**температура** température
**теннис** tennis
**тень** ombre
**тёплый** chaud
**терапевт** médecin généraliste
**термометр** thermomètre
**термос** thermos
**терпеть/потерпеть** patienter; **мне не терпится** j'ai hâte
**терраса** terrasse
**терять/потерять** perdre
**тетрадь** cahier
**тётя** tante
**тип** type
**типичный** typique
**тихо** doucement
**тишина** silence
**ткань** tissu
**товар** marchandise
**тогда** alors
**тоже** aussi
**толкать/толкнуть** pousser
**толстый** gros
**только** seulement
**тонкий** fin
**тонуть/утонуть** se noyer
**торговый центр** centre commercial
**тормозить** freiner
**торт** gâteau
**тотчас** tout de suite
**точка** point
**точно** exactement
**точный** exact
**тошнить: меня тошнит** j'ai mal au cœur
**трава** herbe
**традиционный** traditionnel
**традиция** tradition
**трамвай** tramway
**транзит** transit
**транссибирский экспресс** transsibérien
**тратить/потратить** dépenser
**тренер по плаванию** maître nageur
**трогать/тронуть** toucher
**тропинка** sentier
**трудный** difficile
**трусики** culotte
**трусы** caleçon
**тряпка** torchon
**туалет** toilettes
**туалетная бумага** papier toilette
**туда** là-bas
**туда и обратно** aller-retour
**туман** brouillard
**тунец** thon
**турбаза** auberge de jeunesse
**турист** touriste
**туристический** touristique
**туристическое агентство** agence de voyage
**Турция** Turquie
**тушить** éteindre
**ты** tu, toi
**тюрьма** prison
**тяжёлый** lourd
**тянуть/потянуть** tirer

## Уу

**у** chez
**убивать/убить** tuer
**убирать/убрать** ranger
**уверен** sûr
**увлекательный** passionnant
**угол** coin
**удар** coup
**удивлять** étonner; **это меня удивляет** ça m'étonne
**удобный** pratique
**удовольствие** plaisir; **доставлять/доставить удовольствие** faire plaisir à
**удостоверение личности** carte d'identité
**уезжать/уехать** partir *(en voiture, train, bus)*
**ужасный** horrible
**уже** déjà
**ужин** dîner
**узнавать/узнать** apprendre, reconnaître

**Украина** Ukraine
**улица** rue
**улыбаться/улыбнуться** sourire
**уменьшать** diminuer
**уметь** savoir
**умирать/умереть** mourir
**умный** intelligent
**умывальник** lavabo
**универсам** grand magasin
**университет** université
**управление** direction; **рулевое управление с гидроусилителем** direction assistée
**Урал** Oural
**урок** leçon
**услуга** service; **оказывать/оказать услугу** rendre service
**успевать/успеть** avoir le temps
**успех** succès, progrès
**усталый** fatigué
**устраивать/устроить** organiser; **устроить пикник** pique-niquer
**усы** moustaches
**утка** canard
**утро** matin
**утюг** fer à repasser
**уходить/уйти** partir *(à pied)*
**ухудшаться** s'aggraver
**учёба** études
**учить** apprendre

## Фф

**факс** fax
**фамилия** nom de famille
**фара** phare
**февраль** février
**фен** sèche-cheveux
**фестиваль** festival
**фильм** film
**Финляндия** Finlande
**фиолетовый** violet
**фирменное блюдо** spécialité
**флаг** drapeau
**фольга** papier aluminium
**фольклорный** folklorique
**фонарик** lampe de poche
**фотоаппарат** appareil photo
**фотографировать** prendre en photo
**фотография** photo
**фраза** phrase
**Франция** France
**француз** Français
**французский** français
**фрукт** fruit
**футбол** football
**футболка** tee-shirt

## Хх

**хватать/хватить** suffire; **хватит!** ça suffit !; **не хватать** manquer; **у меня не хватает двадцати рублей** il me manque 20 roubles
**хвост** queue
**химчистка** teinturerie
**хлеб** pain
**хлопок** coton
**ход** marche; **задний/передний ход** marche arrière/avant
**ходить** marcher
**холестерин** cholestérol
**холм** colline
**холодильник** réfrigérateur
**холодно** il fait froid; **мне холодно** j'ai froid
**холостой** célibataire
**хороший** bon
**хорошо** bien
**хотеть/захотеть** vouloir; **мне хочется ...** j'ai envie de ...
**хотя** bien que
**храм** temple
**храпеть/захрапеть** ronfler
**христианский** chrétien
**хрупкий** fragile
**художник** peintre
**хуже** pire; **хуже, чем** pire que

## Цц

**цвет** couleur
**цветок** fleur
**целиком** en entier
**целовать/поцеловать** embrasser
**целый** entier
**цена** prix; **по сниженным ценам** en solde
**центр** centre
**центр города** centre-ville
**цепь** chaîne
**церковь** église
**цирк** cirque

## Чч

**чаевые** pourboire
**чай** thé
**час** heure; **в котором часу?** à quelle

heure ?; **в пять часов** à 5h
**часовня** chapelle
**часто** souvent
**часть** partie
**часы** montre
**чашка** tasse
**чек** chèque
**человек** personne
**чемодан** valise
**через** dans
**Чёрное море** mer Noire
**черный** noir
**чесаться** se gratter
**честный** honnête
**четверг** jeudi
**четверть** quart; **без четверти** moins le quart; **четверть часа** un quart d'heure
**чётко** clairement
**Чехия** République tchèque
**чечевица** lentilles *(aliment)*
**число** nombre, date; **какое сегодня число?** quel jour est-on aujourd'hui ?
**чистить/очистить** éplucher, peler
**чистить/почистить** nettoyer
**чистый** propre
**читать/прочитать** lire
**член** membre
**что** que, quoi; **что он говорит?** que dit-il ?; **что за ...?** quel sorte de ... ?
**что угодно** n'importe quoi
**чтобы** pour, pour que
**что-нибудь** quelque chose, n'importe quoi
**что-то** quelque chose
**чувствительный** sensible
**чувствовать/почувствовать** sentir; **чувствовать себя удобно** se sentir à l'aise
**чудесный** merveilleux

## Шш

**шампунь** shampooing
**шарик** balle
**шарф** écharpe
**шахматы** échecs
**шёлк** soie
**шерсть** laine
**шея** cou
**шикарный** chic
**шина** pneu
**широкий** large
**шишка** bosse; **набить себе шишку** se faire une bosse
**школа** école
**шлем** casque
**шляпа** chapeau
**шнурки** lacets
**шоколад** chocolat
**шорты** short
**штопор** tire-bouchon
**штраф** amende
**штрафная стоянка** fourrière
**штука** truc, chose; **один рубль за штуку** un rouble (la) pièce
**шум** bruit
**шуметь/зашуметь** faire du bruit
**шумный** bruyant
**шутить/пошутить** plaisanter
**шутка** plaisanterie

## Щщ Ээ

**щётка** brosse
**экскурсионный автобус** car
**экскурсия** excursion, visite guidée
**электрическая плита** plaque électrique
**электрический** électrique
**эпилептик** épileptique
**этаж** étage
**это** c'est
**это стоит** ça coûte
**это, этот, эта, эти** ce, cette, ces

## Юю

**юбка** jupe
**ювелирные изделия** bijoux
**ювелирный магазин** bijouterie
**юг** sud
**юмор** humour

## Яя

**я** je, moi
**ягодицы** fesses
**язык** langue
**январь** janvier
**ярмарка** foire
**ящик** boîte

# GRAMMAIRE

Il y a trois **genres** en russe : masculin, féminin et neutre.

Les noms **masculins** se terminent par une consonne dure ou mouillée
**стул** (chaise) **чай** (thé) **учитель** (professeur)

Les noms **féminins** se terminent par **-а, -я, -ия**.
**лампа** (lampe) **неделя** (semaine)
**экскурсия** (excursion)

Les noms **neutres** se terminent par **-о, -е, -ие**.
**место** (endroit) **море** (mer) **окно** (fenêtre)
**поле** (champ) **здание** (bâtiment)

N.B. Les noms terminés par **-ь** peuvent être masculins ou féminins. Ex :
**ночь** *f* (nuit) **мать** *f* (mère)
**преподаватель** *m* (enseignant)

Certains noms en **-а** ou **-я** peuvent être masculins. Ex :
**мужчина** (homme) **папа** (papa) **дядя** (oncle).

Les noms en **-мя** (type **время** - temps) sont neutres ; ils sont peu nombreux.

Il n'y a pas d'**articles** en russe. Seul le contexte permet de comprendre si le nom est employé dans un sens indéfini ou défini.

Certains noms n'existent qu'au **pluriel**. Dans le dictionnaire, nous les faisons suivre de l'indication *(pl)*.

Les noms masculins ont un pluriel en **-и** ou en **-ы** :
**нож** (couteau) **ножи** **стол** (table) **столы**
**рубль** (rouble) **рубли** **музей** (musée) **музеи**

Mais certains noms masculins peuvent avoir un pluriel en **-а** :
**город** (ville) **города** **поезд** (train) **поезда**
**дом** (maison) **дома**

Les noms féminins ont un pluriel en **-ы** ou **-и** :

**комната** (chambre) **комнаты** **площадь** (place) **площади**

Les noms neutres en **-о** ont en général un pluriel en **-а** :

**окно** (fenêtre) **окна**

N.B. Il existe cependant quelques exceptions de noms neutres en **-о** avec un pluriel en **-и** :

**ухо** (oreille) **уши** **яблоко** (pomme) **яблоки**

Les noms neutres en **-е** ont un pluriel en **-я**.

**море** (mer) **моря**

Les noms neutres en **-мя** ont un pluriel en **-ена** :

**имя** (prénom) **имена**

N.B. Certains noms ont un pluriel irrégulier :

**брат** (frère) **братья**
**муж** (mari) **мужья**
**стул** (chaise) **стулья**
**дочь** (fille) **дочери**
**друг** (ami) **друзья**
**сын** (fils) **сыновья**
**мать** (mère) **матери**

Parfois, pour le pluriel, on utilise un autre nom :

**человек** (homme) **люди** **ребёнок** (enfant) **дети**

Tous les noms se déclinent, c'est-à-dire qu'ils ont une forme différente selon la fonction qu'ils occupent dans la phrase. Il y a six **cas** en russe :

Le **nominatif** est le cas du sujet (personne ou chose) ou de l'attribut du sujet :

**гид ждёт в холле** le guide attend dans le hall

L'**accusatif** est le cas du complément d'objet direct :

**я хочу купить билет** je voudrais acheter un billet

Il est aussi utilisé après certaines prépositions comme **в/на** (dans, à, sur) avec une idée de mouvement ou de direction :

**я иду на вокзал** je vais à la gare

Le **génitif** est le cas du complément de nom :

**номер гостиницы** la chambre de l'hôtel

GRAMMAIRE

Il est utilisé après certaines prépositions comme **около** (à côté de), **без** (sans), **из** (de), **с** (à partir de), **для** (pour), **от** (de), **до** (jusqu'à), **после** (après).

Le **datif** est le cas du complément indirect ou du complément d'attribution :

**я хочу позвонить родителям**
je voudrais téléphoner à mes parents

L'**instrumental** s'emploie quand on veut préciser par quel moyen se fait l'action, par qui ou avec quoi :

**этот памятник построен известным архитектором**
ce monument est construit par un célèbre architecte
**я приехал поездом** je suis arrivé en train

Il est utilisé après certaines prépositions comme **с** (avec), **между** (entre), **над** (au-dessus de), **под** (sous), **перед** (devant), **за** (derrière) :

**я иду с вами** je viens avec vous

Le **prépositif** est toujours précédé d'une préposition. Les plus utilisées sont : **в** (dans), **на** (dans, sur) et **о** (au sujet de) :

**мы говорили о выставке** nous avons parlé de l'exposition
**я думаю о тебе** je pense à toi

GRAMMAIRE

## Tableaux de déclinaisons des noms

• **Ière déclinaison** : noms se terminant par **-а**, **-я**, **-ия** (la plupart des noms sont du genre féminin). Ex : **лампа** (lampe), **пустыня** (désert), **экскурсия** (excursion)

Singulier

| | | | |
|---|---|---|---|
| *nom* | **лампа** | **пустыня** | **экскурсия** |
| *acc* | **лампу** | **пустыню** | **экскурсию** |
| *gén* | **лампы** | **пустыни** | **экскурсии** |
| *dat* | **лампе** | **пустыне** | **экскурсии** |
| *instr* | **лампой** | **пустыней** | **экскурсией** |
| *prép* | **лампе** | **пустыне** | **экскурсии** |

Pluriel

| | | | |
|---|---|---|---|
| *nom* | **лампы** | **пустыни** | **экскурсии** |

| | | | |
|---|---|---|---|
| *acc* | лампы | пустыни | экскурсии |
| *gén* | ламп- | пустынь | экскурсий |
| *dat* | лампам | пустыням | экскурсиям |
| *instr* | лампами | пустынями | экскурсиями |
| *prép* | лампах | пустынях | экскурсиях |

• **2ème déclinaison** : noms masculins et neutres.

Masculin : **стол** (table), **дождь** (pluie), **музей** (musée)

Singulier

| | | | |
|---|---|---|---|
| *nom* | стол | дождь | музей |
| *acc* | стол | дождь | музей |
| *gén* | стола | дождя | музея |
| *dat* | столу | дождю | музею |
| *instr* | столом | дождём | музеем |
| *prép* | столе | дожде | музее |

Pluriel

| | | | |
|---|---|---|---|
| *nom* | столы | дожди | музеи |
| *acc* | столы | дожди | музеи |
| *gén* | столов | дождей | музеев |
| *dat* | столам | дождям | музеям |
| *instr* | столами | дождями | музеями |
| *prép* | столах | дождях | музеях |

Neutre : **вино** (vin), **поле** (champ), **здание** (bâtiment)

Singulier

| | | | |
|---|---|---|---|
| *nom* | вино | поле | здание |
| *acc* | вино | поле | здание |
| *gén* | вина | поля | здания |
| *dat* | вину | полю | зданию |
| *instr* | вином | полем | зданием |
| *prép* | вине | поле | здании |

Pluriel

| | | | |
|---|---|---|---|
| *nom* | вина | поля | здания |
| *acc* | вина | поля | здания |
| *gén* | вин | полей | зданий |
| *dat* | винам | полям | зданиям |
| *instr* | винами | полями | зданиями |
| *prép* | винах | полях | зданиях |

• **3ème déclinaison** : noms féminins qui se terminent en **-ь**. Ex : **ночь** (nuit), **мать** (mère), **дочь** (fille).

Singulier

| | | | |
|---|---|---|---|
| *nom* | **ночь** | **мать** | **дочь** |
| *acc* | **ночь** | **мать** | **дочь** |
| *gén* | **ночи** | **матери** | **дочери** |
| *dat* | **ночи** | **матери** | **дочери** |
| *instr* | **ночью** | **матерью** | **дочерью** |
| *prép* | **ночи** | **матери** | **дочери** |

N.B. Certains noms, en général d'origine étrangère, ne se déclinent pas. Ex : **пальто** manteau, **кино** cinéma, **метро** métro, **такси** taxi, **кофе** café, **кафе** café/restaurant, **бистро** bistro, **меню** menu, **купе** compartiment.

Après le chiffre 1 et un **nombre** finissant par 1 (21, 31, 41 etc.), le nom qui suit se met au nominatif singulier. Ex : **41 год** 41 ans, **61 километр** 61 kilomètres. Exception : 11, suivi du génitif pluriel.

Les chiffres 2, 3, 4 et tous les nombres se finissant par 2, 3 ou 4 sont suivis du génitif singulier : **2 стакана** 2 verres, **22 года** 22 ans. Exception : 12, 13, 14 sont suivis du génitif pluriel.

À partir de 5, le nom qui suit se met au génitif pluriel : **35 лет** 35 ans, **20 минут** 20 minutes.

Les **ordinaux** s'accordent en genre et en nombre avec le nom qu'ils déterminent et se déclinent sur le modèle des adjectifs :

| | *masculin* | *féminin* | *neutre* | *pluriel* |
|---|---|---|---|---|
| premier | **первый** | **первая** | **первое** | **первые** |

voir chapitre Nombres.

À partir de 9, pour obtenir l'ordinal, on remplace le **ь** final du nombre cardinal par **-ый**, **-ая**, **-ое**, **-ые**. Ex : neuvième **девятый**, treizième **тринадцатый**, vingtième **двадцатый.**

Comme les noms, **les adjectifs** se déclinent. Ils se placent devant le nom et s'accordent en genre et en nombre avec le nom auquel ils se rapportent. Ex. : **красивая женщина** une jolie femme

• **новый** (nouveau)

| | *masculin* | *féminin* | *neutre* | *pluriel* |
|---|---|---|---|---|
| *nom* | **новый** | **новая** | **новое** | **новые** |
| *acc* | *= nom ou gén** | **новую** | **новое** | *= nom ou gén** |
| *gén* | **нового** | **новой** | **нового** | **новых** |
| *dat* | **новому** | **новой** | **новому** | **новым** |
| *instr* | **новым** | **новой** | **новым** | **новыми** |
| *prép* | **новом** | **новой** | **новом** | **новых** |

• **синий** (bleu)

| | *masculin* | *féminin* | *neutre* | *pluriel* |
|---|---|---|---|---|
| *nom* | **синий** | **синяя** | **синее** | **синие** |
| *acc* | *= nom ou gén** | **синюю** | **синее** | *= nom ou gén** |
| *gén* | **синего** | **синей** | **синего** | **синих** |
| *dat* | **синему** | **синей** | **синему** | **синим** |
| *instr* | **синим** | **синей** | **синим** | **синими** |
| *prép* | **синем** | **синей** | **синем** | **синих** |

*(pour les personnes)

Les **adverbes** se forment en général à partir d'un adjectif masculin singulier en remplaçant la terminaison **-ый**, **-ой** ou **-ий** par **-о** : **хороший** bon, **хорошо** bien, **быстрый** rapide, **быстро** rapidement

Le **comparatif** se forme en général à l'aide des adverbes **более** (plus) et **менее** (moins) qui se placent devant l'adjectif. Ex. : **более умный** plus intelligent, **менее умная** moins intelligente.

Quelques comparatifs sont irréguliers :

**дешевый** (bon marché) **дешевле** (meilleur marché)
**дорогой** (cher) **дороже** (plus cher)
**большой** (grand) **больше** (plus grand)
**маленький** (petit) **меньше** (plus petit)
**хороший** (bon) **лучше** (meilleur)
**плохой** (mauvais) **хуже** (pire)
**высокий** (haut) **выше** (plus haut)
**низкий** (bas) **ниже** (plus bas)
**старый** (vieux) **старше** (plus vieux)
**молодой** (jeune) **моложе** (plus jeune)

Le deuxième terme de la comparaison est introduit par **чем** (que) :

**эта гостиница дешевле, чем та**
cet hôtel est moins cher que l'autre

Le **superlatif** se forme le plus souvent en plaçant **самый** devant l'adjectif : **дорогой** (cher), **самый дорогой** (le plus cher)

Les **pronoms** se déclinent aussi en russe :

| | je | tu | il | elle | nous | vous | ils/elles |
|---|---|---|---|---|---|---|---|
| *nom* | **я** | **ты** | **он** | **она** | **мы** | **вы** | **они** |
| *acc* | **меня** | **тебя** | **его** | **её** | **нас** | **вас** | **их** |
| *gén* | **меня** | **тебя** | **его** | **её** | **нас** | **вас** | **их** |
| *dat* | **мне** | **тебе** | **ему** | **ей** | **нам** | **вам** | **им** |
| *instr* | **мной** | **тобой** | **им** | **ей/ею** | **нами** | **вами** | **ими** |
| *prép* | **мне** | **тебе** | **нём** | **ней** | **нас** | **вас** | **них** |

Les **pronoms et adjectifs possessifs** :

| *masc./neutre* | | *féminin* | | *pluriel* | |
|---|---|---|---|---|---|
| le mien/mon | **мой/моё** | la mienne/ma | **моя** | les miens/mes | **мои** |
| le tien/ton | **твой/твоё** | la tienne/ta | **твоя** | les tiens/tes | **твои** |
| le sien/son | **его/её** | la sienne/sa | **его/её** | les siens/ses | **его/её** |
| le nôtre/notre | **наш/наше** | la nôtre/notre | **наша** | les nôtres/nos | **наши** |
| le vôtre/votre | **ваш/ваше** | la vôtre/votre | **ваша** | les vôtres/vos | **ваши** |
| le leur/leur | **их/их** | la leur/leur | **их** | les leurs/leurs | **их** |

Ils s'accordent avec le nom qu'ils déterminent et se déclinent comme les adjectifs (à l'exception de **его**, **её** et **их** qui sont invariables) :

c'est notre guide **это наш гид**

Les **pronoms et adjectifs démonstratifs** :

| *masculin* | | *féminin* | | *neutre* | | *pluriel* | |
|---|---|---|---|---|---|---|---|
| celui-ci/ce | **этот** | celle-ci/cette | **эта** | ceci/ce | **это** | ceux-ci/ces | **эти** |
| celui-là/ce | **тот** | celle-là/cette | **та** | cela/ce | **то** | ceux-là/ces | **те** |

Ils s'accordent avec le nom qu'ils déterminent et se déclinent comme les adjectifs : **дай мне эту книгу** donne-moi ce livre

Les **verbes** russes ont presque toujours deux formes correspondant à deux aspects différents. L'**aspect imperfectif** s'emploie pour exprimer une action répétée ou continue. Il permet de former le présent, le passé et le futur exprimant la durée ou la répétition :

| | |
|---|---|
| **я пью кофе** | je bois mon café |
| **я пил кофе** | je buvais mon café |
| **я буду пить кофе** | je serai en train de boire mon café |

L'**aspect perfectif** exprime une action unique, accomplie, limitée dans le temps. Il est employé pour former le futur ou le passé accomplis. On ne l'emploie pas pour le présent :

| | |
|---|---|
| **я выпил кофе** | j'ai bu mon café. (= j'ai fini ma tasse) |
| **я выпью кофе** | je boirai mon café (= je finirai ma tasse) |

N.B. Dans ce guide, tous les verbes courants sont donnés aux deux aspects, d'abord à l'imperfectif puis au perfectif. Ex : **пить/выпить** boire

Les verbes russes peuvent se diviser en deux grands groupes. Les verbes de la **première conjugaison** ont un infinitif en **-ать** ou **-ять** et se conjuguent de la façon suivante :

| | **читать** (lire) |
|---|---|
| **я** | **чита-ю** |
| **ты** | **чита-ешь** |
| **он/она** | **чита-ет** |
| **мы** | **чита-ем** |
| **вы** | **чита-ете** |
| **они** | **чита-ют** |

Les verbes de la **deuxième conjugaison** ont un infinitif en **-ить** et se conjuguent ainsi :

| | **говорить** (dire) |
|---|---|
| **я** | **говор-ю** |
| **ты** | **говор-ишь** |
| **он/она** | **говор-ит** |
| **мы** | **говор-им** |
| **вы** | **говор-ите** |
| **они** | **говор-ят** |

N.B. Certains verbes en **-ать** ne se conjuguent pas sur le modèle de **читать** :

| | **держать** (tenir) | **ждать** (attendre) |
|---|---|---|
| я | держ-**у** | жд-**у** |
| ты | держ-**ишь** | жд-**ёшь** |
| он | держ-**ит** | жд-**ёт** |
| мы | держ-**им** | жд-**ём** |
| вы | держ-**ите** | жд-**ёте** |
| они | держ-**ат** | жд-**ут** |

De nombreux verbes en **-ить** subissent à la première personne du singulier une transformation de la consonne du radical ou prennent un **л** entre le radical et la terminaison :

| **ответить** (répondre) | **простить** (pardonner) | **готовить** (préparer) |
|---|---|---|
| я отвеч-у | я прощ-у | я готов**л**-ю |
| ты ответ-ишь | ты прост-ишь | ты готов-ишь |
| он/она ответ-ит | он/она прост-ит | он/она готов-ит |
| мы ответ-им | мы прост-им | мы готов-им |
| вы ответ-ите | вы прост-ите | вы готов-ите |
| они ответ-ят | они прост-ят | они готов-ят |

Les verbes en **-ти** se conjuguent ainsi :

| | **идти** (aller) |
|---|---|
| я | ид-**у** |
| ты | ид-**ёшь** |
| он/она | ид-**ёт** |
| мы | ид-**ём** |
| вы | ид-**ёте** |
| они | ид-**ут** |

Voici quelques **verbes irréguliers** courants :

| | **хотеть** (vouloir) | **есть** (manger) | **мочь** (pouvoir) |
|---|---|---|---|
| я | хоч-**у** | ем | мог-**у** |
| ты | хоч-**ешь** | ешь | мож-**ешь** |
| он/она | хоч-**ет** | ест | мож-**ет** |
| мы | хот-**им** | ед-**им** | мож-**ем** |
| вы | хот-**ите** | ед-**ите** | мож-**ете** |
| они | хот-**ят** | ед-**ят** | мог-**ут** |

Le verbe **être** (**быть**) n'apparaît pas au présent :

**Я преподаватель** je suis professeur

Verbe être au futur :

| | |
|---|---|
| **я** | **буду** (je serai) |
| **ты** | **будешь** |
| **он/она/оно** | **будет** |
| **мы** | **будем** |
| **вы** | **будете** |
| **они** | **будут** |

Pour exprimer la possession (**avoir**), on utilise la préposition **у** (chez) suivi d'un nom ou d'un pronom au génitif (la personne qui possède) + **есть** (il y a) et l'objet possédé au nominatif :

**у меня есть машина** j'ai une voiture
(littéralement : chez moi il y a une voiture)

**Есть** peut être omis :

**у меня документы с собой** j'ai mes papiers avec moi

Le **passé** se forme en remplaçant la terminaison **-ть** de l'infinitif (imperfectif ou perfectif) par **-л** (masculin), **-ла** (féminin), **-ло** (neutre), **-ли** (pluriel).

**я был в Москве** je suis allé à Moscou
**я была в Новгороде** je suis allée à Novgorod
**мы были в Пскове** nous sommes allés à Pskov

Le passé du verbe **идти** (aller à pied) est irrégulier :

| | |
|---|---|
| **он шёл** | il allait |
| **она шла** | elle allait |
| **они шли** | ils allaient |

Le **futur imperfectif** se forme avec le futur du verbe **быть** (être) suivi de l'infinitif du verbe imperfectif :

**каждый день я буду готовить обед**
je préparerai le repas chaque jour

Souvent, un préfixe (**по-, про-, на-, с-, вы-** etc.) ajouté au verbe imperfectif au présent permet de former le **futur perfectif** :

**я готовлю обед** je prépare le repas
**я приготовлю обед** je préparerai le repas

GRAMMAIRE

La **négation** se forme en ajoutant **не** entre le sujet et le verbe.

**я не говорю по-русски** je ne parle pas russe

L'intonation suffit à marquer l'**interrogation**.

**вы хотите чай?** vous voulez du thé ?

Les **formes impersonnelles** sont très utilisées en russe quand le sujet au nominatif n'est pas possible ; elles expriment un état indépendant de notre volonté.

| | |
|---|---|
| **мне жарко** | j'ai chaud |
| **ей холодно** | elle a froid |
| **ему плохо** | il n'est pas bien |
| **тебе нужно** | tu as besoin |

# FÊTES ET JOURS FÉRIÉS

## JOURS FÉRIÉS NATIONAUX

Voici la liste des jours fériés, appelés **праздничные дни** *(praznitch'nyié dni)*. Attention : si le jour férié tombe un jeudi, le vendredi et le samedi sont également fériés, mais alors on travaille le dimanche. Si le jour férié tombe un dimanche, le lundi suivant est également férié.

| | |
|---|---|
| 1er – 2 janvier : | **Новый Год** *(novy got)*, **Nouvel An**. C'est l'occasion de se retrouver en famille, de boire et de manger plus que de coutume. Le 1er janvier, les enfants reçoivent des cadeaux du "Grand-Père Gel", **Дед Мороз** *(diét maros)*. |
| 7 janvier : | **Рождество Христово** *(rajdiéstvo hristova)*, **Noël**. Les Russes fêtent la naissance du Christ deux semaines après nous car le calendrier de l'Église orthodoxe russe retarde de 13 jours sur notre calendrier. |
| 23 février : | **Fête de l'armée**. Inaugurée sous le régime soviétique, elle est devenue la fête des hommes. Ce jour-là, on se réunit pour manger et boire et les hommes reçoivent des cadeaux. |
| 8 mars : | **Международный женский день** *(miéjdounarodny jénski dién')*, **Journée internationale de la femme**. Très fêtée sous le régime soviétique, elle est restée très populaire. Les hommes offrent aux femmes des fleurs et des cadeaux. |
| 1er – 2 mai : | **Праздник труда** *(praznik trouda)*, **Fête du Travail** et du printemps. |
| 9 mai : | **День победы** *(dién' pabiédy)*, **Jour de la victoire**. Fête de la victoire sur l'Allemagne pendant la deuxième guerre mondiale. Les anciens combattants se réunissent en uniforme ; on fleurit les tombes en mémoire des disparus. |
| 12 juin : | **День независимости России** *(dién' niézavisimasti rasii)*, **Jour de l'Indépendance de la Russie**. C'est la fête anniversaire de l'adoption de la Déclaration de Souveraineté de la Russie après l'effondrement de l'Union Soviétique. |

7 novembre : **День примерения** (*dién' primiriéniia*), **Jour de la réconciliation**. Célébrée pendant 70 ans comme le jour de l'anniversaire de la révolution d'Octobre, cette fête est désormais inscrite dans le calendrier sous le nom de Jour de la réconciliation.

# FÊTES

Après l'effondrement de l'Union Soviétique, de nombreuses fêtes soviétiques ont disparu tandis que d'anciennes fêtes religieuses sont à nouveau célébrées :

13 janvier : Ancien Nouvel An. Toujours célébré d'après l'ancien calendrier grégorien.

19 janvier : **Крещение** (*kriéchiéniié*), **Fête de la bénédiction de l'eau**. À l'église, on remplit les bouteilles d'eau bénite.

25 janvier : Jour de la fondation de l'Université de Moscou.

7 février : Fête des Morses, nom donné aux Russes qui font un trou dans la glace pour se baigner.

mars : **Масленица** (*masliénitsa*), équivalent de la Chandeleur ou du mardi gras. On fête le retour du printemps avec des animations populaires et des repas où l'on sert des blinis.

mars – avril : **Пасха** (*pasha*), **Pâques**. Officiellement fêtée ces dernières années, Pâques est la fête la plus importante pour l'Église orthodoxe. Le jour des Pâques orthodoxes change tous les ans. À cette occasion, les Russes préparent la *pasha*, gâteau au fromage blanc, le *koulitch'*, traditionnel gâteau de Pâques, et s'échangent des œufs peints.

12 avril : Journée des cosmonautes

21 juin : Fête de la musique

de fin juin à fin juillet : Les célèbres Nuits Blanches de Saint-Pétersbourg. Tous les Pétersbourgeois sont dans les rues et font la fête jusqu'à l'aube.

1er septembre : Jour des connaissances et de la rentrée scolaire. Les enfants viennent à l'école avec des fleurs. Ce jour-là, il n'y a pas vraiment cours.

19 septembre : Fête de Moscou. Des concerts sont organisés dans la capitale.

25 décembre : Noël catholique

# ADRESSES ET NUMÉROS UTILES

## EN FRANCE :

**Ambassade de la Fédération de Russie**
40-50, boulevard Lannes, 75116 Paris
Téléphone : 01 45 04 05 50
Fax : 01 45 04 17 65

**Consulat général de Russie à Marseille**
3, avenue Ambroise Paré, 13000 Marseille
Téléphone : 04 91 77 15 25
Fax : 04 91 77 34 54

**Consulat général de Russie à Strasbourg**
75, allée de la Robertsau, 67000 Strasbourg
Téléphone : 03 88 24 20 15
Fax : 03 88 24 19 74

## EN BELGIQUE :

**Ambassade de Russie**
66, avenue de Fre
1180 Bruxelles
Téléphone : (02) 373 35 69/
374 34 06

## EN SUISSE :

**Ambassade de Russie**
Brunnadernrein 37
3006 Berne
Téléphone : (031) 362 05 66



## EN RUSSIE :

### Moscou

**Ambassade de France**
45, Bolchaïa Yakimanka (ex-rue Dimitrov)
Téléphone : 7 (095) 236 00 03/ 237 90 34

**Ambassade de Belgique**
Malaïa Moltchanovka oulitsa 7
Téléphone : 7 (095) 291 60 27

**Ambassade de Suisse**
Slobody per. 2-5
Téléphone : 7 (095) 925 53 22

**Intourist**
Mokhovaya oulitsa 13
Téléphone : (095) 292 23 65/12 78
Fax : (095) 292 25 47

## Saint-Pétersbourg

**Consulat de France**
15, nab. Riéki Moïki
Téléphone : (812) 314 14 43/312 11 30/311 85 11 (service des visas)
Fax : (812) 312 72 83
Ouvert de 9h30 à 12h30 et de 15h à 17h, fermé samedi et dimanche, les jours fériés français et le 12 juin

**Office du tourisme**
Hôtel Astoria, Isaakievski place, bâtiment B
Téléphone 210 50 45/41
Ouvert de 0h à 21h

**Poste centrale**
9, Potchtamskaïa oulitsa
Ouvert de 9h à 14h et de 15h à 21h

**Pompiers : 01**
**Police : 02**
**Urgences : 03**